脱成長を豊かに生きる

ポスト3・11の社会運動

白川真澄
MASUMI Shirakawa

社会評論社

はじめに

二〇一一年三月一一日。巨大な地震と津波が東北沿岸を襲い、一瞬のうちに二万人の人びとの生命が失われた。避難を余儀なくされた人は、三四万人（二〇一二年二月）を越えた。福島第一原発はメルトダウン事故を起こし、土地、森、水、海を広範囲にわたって汚染し、住み慣れた土地から住民を追い出した。帰還を望みながら果たせない人の数は、いまだ一三万四十人以上にもなる。避難などで体調が悪化し亡くなった「原発関連死」も一〇四八人（二〇一四年一月）に上った。

しかし、この衝撃的な出来事をきっかけに日本の社会は変わるにちがいない、多くの人びとがそう直感した。望ましい方向に必ず変えなければならない、そう心に決めた人も少なからず生まれた。

日本の社会をどのような方向に変えていくのか。原発依存から抜け出して原発のない社会へと踏み出すことは、その最初の一歩、最小限の目標となった。だが、それは、エネルギー政策の転換ということにはとどまらない。過疎の町や村にリスクを押しつけながら電気をふんだんに使う大都市の私たちの便利な暮らし方。政・官・業（電力会社）と専門の科学技術者が癒着した巨大な利権と権力の構造。そして核の平和利用を可能にする日本と米国の同盟。脱原発は、戦後日本の社会・経済・政治・文化のあり方とそれを支えるパラダイム（思考の枠組み、価値観）を根底から問いなおすことにつながるのだ。

人びとのなかに深く根を下ろし、神話となって私たちを呪縛してきた支配的なパラダイムは、三つある。ひとつは、経済成長の神話である。経済成長が雇用の拡大と収入の安定を生む、経済成長が税収増をもたらし福祉の拡充と財政健全化を可能にする、国際競争に勝ち抜いて成長しないと日本は生き残れない、と。二つは、科学技術の神話である。科学技術の進歩は善であり、それが生むリスクは科学技術のさらなる発達で解決できる（安全神話）。専門家（テクノクラート、官僚）の高度な知に任せておけばうまくいく（「おまかせ民主主義」）、と。三つは、日米同盟の神話である。米国と協調していれば日本は安全である、アジア諸国との連携・協力は二の次でよい、と。

3・11以降、脱原発運動を先頭にした市民の行動は、これらの神話を確実に突き崩しはじめた。しかし、このパラダイムチェンジを押しとどめ、「旧に復する」（元の日本に戻す）ことを企てる勢力の力も強い。脱原発は、社会が変わる入口であり、「国民」の多数派がこれを支持している。にもかかわらず、「原子力ムラ」が猛烈な巻き返しに出るなかで攻防が続き、まだ脱原発の実現に踏み出せていない。脱原発運動のパワーは動揺する民主党政権に「二〇三〇年代に原発ゼロ」の政策を採用させたが、それも安倍政権の登場で簡単に覆され、原発再稼働への動きが本格化している。

あたかも3・11などなかったかのように振る舞い「旧に復する」逆流の中枢に座ったのは、いうまでもなく極右の安倍晋三を頭目とする自民党政権である。この政権は、「日本を取り戻す」という言い方で支配的なパラダイムにしがみつき、これを再構築しようとしている。

安倍は、「戦後の歴史から日本を取り戻す」ための「レジームチェンジ」をめざすと言う。取り戻すべき日本とは、戦後を全否定する戦前の「日本帝国」なのだ。だが、否定されるべき戦後のなかには日米同盟が含まれているから、安倍の言動は米国の強い疑念や警戒を招いた。

しかし、安倍は、日米同盟の堅持という支配的パラダイムを否定し、対米自立を企てようとしているわけではない。日本の軍事的役割を飛躍的に高めることで米国の軍事戦略への一体化をいっそう進めようとする（集団的自衛権の行使に踏み出すが、それにともなって日米安保を対等な相互防衛条約に改定する必要性は一言も口にしない）。戦前賛美のナショナリズムは反米（対米自立）に向かわないかぎりにおいて成り立つ（米国に許容される）、という戦後の支配的パラダイム（対米従属ナショナリズム）は固守されるのである。その分だけ、右翼ナショナリズムは中国や韓国に向かってむき出しで表出され（歴史認識問題）、両国との関係を悪化させることになる。安倍は、米国の覇権が凋落し米中両大国が対抗しつつ協調する関係の出現という歴史の一大変化から目を背け、日米同盟の威を借りて中国への敵視を煽り立ててきた。時代錯誤もはなはだしい。

同時に、安倍は「強い経済を取り戻す」と謳って、経済成長の復活をめざすアベノミクスを鳴り物入りで打ち出してきた。ここでは、取り戻すべき日本とは、経済成長に成功した「戦後の日本」なのである。これは、戦後を否定して戦前の日本を取り戻す願望とはまったく矛盾しているのだが、そんな支離滅裂にはお構いなしである。安倍は、経済成長がすべての難問を解決するという神話にこだわりつづける。

科学技術への信奉も際立っている。「世界一安全な」原発だから、再稼働もするし、海外に輸出もする、と。

安倍政権は、もはや歴史的に通用しなくなっている三つの支配的パラダイム（神話）を押しつけることで、社会を破滅させ人びとを危険に追いやる道を暴走している。

3・11は、私たちの生き方・暮らし方を含むこれからの社会のあり方をめぐって、相対立するパラダイムや方向性が激しくぶつかり合うせめぎ合いの起点となった。「旧に復する」ことを狙う勢力や動きのパラダイムや社会像は、愚かしくても明確であり、具体的である。

これに比べて、幻想ではなく希望を甦らせ、望ましい社会をつくりたいと考える私たちの側のパラダイムやオルタナティブな社会像は、どうだろうか。例えば、脱原発の社会とそこへ至る道筋については、ひじょうに明快で具体性のある構想や提案が生まれている。原発依存を唱える勢力に対して、脱原発の運動の担い手とそこに密着する研究者たちは、すぐれた「知的・道徳的なヘゲモニー」(A・グラムシ)を発揮している。

しかし、労働、農業、女性、医療、介護、人権、「安全保障」、民主主義、科学技術などさまざまの分野を横断する、あるいは重ね合わせた全体像という点では、新しいパラダイムやオルタナティブな社会像には、まだまだ空白や未熟さが目立つ。社会運動の担い手と研究者・理論家が緊密に協力してこの空白や未熟さを埋め、魅力的なオルタナティブ社会の構想を練り上げることが急がれねばならない。

本書、とくに第I部「脱成長の道へ」はそうした問題意識から、経済成長の神話に挑み、脱成長へのパラダイムチェンジと脱成長の社会像を問うたものである。

脱成長のテーマは、私が二〇〇八年以来最も力を入れて追いかけてきたテーマである。だが、3・11の出現、そしてアベノミクスの華々しい登場は、経済成長主義を根本的に批判しこれと訣別する重要性をあらためて痛感させた。

アベノミクスへの期待を演出したのは、海外からの投資による株高であった。その期待をつなぎとめるため、安倍政権は命綱となる株価維持に躍起となっている。六月に決められた「成長戦略」改定版は、公的年金の積立金を株式により多く投入するというリスクの大きい政策とか、労働時間規制の緩和など「雇用改革」によって海外から投資を呼び込む政策とか、もっぱら株価対策が中心である。アベノミクスが、世界的な緩和マネーがもたらすバブルの一環であることが端的に見てとれる。

アベノミクスに対して、「異次元の金融緩和」(「第一の矢」)と公共事業大盤振る舞いの「財政出動」(「第二の矢」)への批判は、多く出されている。だが、「成長戦略」(「第三の矢」)そのものを批判したり否定する議論は少ない。しかし、アベノミクスの罪は、それが経済成長の神話を持ち出し、成長幻想をばらまくことにある、というのが本書の立場である。

日本では、高度経済成長の成功体験もあって、経済成長なしには雇用も福祉もないというパラダイムが人びとを強く呪縛してきた。日本の政党は右から左まで、経済成長をめざす、あるいは経済成長を前提にして政策や制度を考えるという点では、同じである。脱成長を主張するのは、国会に議席をもたない緑の党ぐらいである。

ところが、である。有限会社イーズが行なった調査(二〇一一年一月発表)では、「GDPが伸び続けることは必要だと思う」人が四四・八％に対して、「必要ではないと思う」人が一九・四％である。経済成長が必要ではないと考える人が、二割もいるというのは驚きである。

最近の脱成長を提唱する議論の活発化だけではない。社会の根っこのところで脱成長に共鳴し、あるいはそれを志向して自前の生き方・暮らし方を始めている人びとが日ましに増えている。ポスト3・11の社会に、変化は確実に起こっている。

とはいえ、不安定な非正規雇用にしか就けない大勢の若者、身を粉にして働いても貧困から抜け出せないシングルマザーたちにとって、脱成長が魅力的なオルタナティブになりうるのか。脱成長の理論と実践が試される点である。

本書の第Ⅱ部「ポスト3・11の社会運動」は、現代の社会運動の特徴と課題について論じたものである。

ここでは、ポスト3・11の社会運動を、現代世界の民衆運動の同時代性という視点から捉えかえし、その課題を探ってみた。そこで、主張したかったことは三つある。

世界の民衆運動が立ち向かっているのは、世界的なシステムの歴史的な危機である。その危機は、(1)資本主義の金融資本主義化(マネー資本主義化)によって世界経済が極度に不安定化している、(2)資本主義の抑圧性・敵対性がいたるところで貧富の格差拡大という姿で現われ、それを覆い隠す神話や幻想が失効しつつある、(3)米国の覇権が衰退し、覇権国なき混沌の世界に入りつつある、という特徴をもっている。

この歴史的な危機に立ち向かう民衆運動は、大衆的な直接行動の活発化によって特徴づけられる。

そして、この直接行動による抵抗を、自分たちの力で生きるためのローカルな自治・自立・半自給の社会的仕組み（対抗社会）の形成、「よりましな政権」を含む制度的改革と結びつけることによって、社会を変えるパワーを獲得することができる。

その上で、根本的に問われているのは、課題も条件も異なる多様な民衆運動が国境を越えてグローバルにつながるという課題である。現代の世界では、私たちと価値観や原則が異なるイスラム原理主義の運動や勢力が、無視できない役割と力を発揮している。この新しい時代的条件の下で、民衆運動のグローバルなつながりは、どのような形をとるのか。どのようなプロセスを歩むのか。この問いについては、まだ答えが見出せないばかりか、討論さえ進んでいない。だが、避けて通れない課題として、私たちに投げかけられている。

本書を構成する文章は、新しく書き下ろした第Ⅰ部第2章、コラム（「経済成長なき時代への予感」）、第5章を別とすると、二〇一〇年から現在にかけて発表した論文に必要最小限の修正を加えたものである（第Ⅱ部第3章だけは二〇〇七年）。その発表の場の多くは『季刊ピープルズ・プラン』であったが、他に執筆の機会を与えていただいた『市民の意見』、『季報　唯物論研究』、『情況』に感謝したい。この四年間は3・11をはさむ四年間であり、多くの、そして衝撃的な出来事が相次いだ。本書ももっと早い時期に出す予定であったが、まとまって勉強したり執筆する時間がとれず、ようやく刊行にこぎつけた。

そのなかで、武藤一羊さんをはじめピープルズ・プラン研究所のメンバーとの討論は、私の問題意識をたえず触発してくれた。また、ピープルズ・プラン研究所が呼びかけ二年間の討論を積み上げて『根本（もと）から変えよう――もうひとつの日本社会への12の提言』（樹花舎、二〇一一年）を出した「オルタナティブ提言の会」の討論も、ひじょうに刺激的であった。さらに、一〇年間続けている講座「座標塾」（現在は研究所テオリアが主催）での講義と討論も、新しいテーマについて勉強し発表する場となった。

最後に、厳しい出版事情のなかで出版を引き受けていただいた社会評論社の松田健二さんに感謝する。

白川真澄

二〇一四年七月

脱成長を豊かに生きる——ポスト3・11の社会運動　＊目次＊

第5章 成長幻想とバブルに酔うアベノミクス

第Ⅱ部　ポスト3・11の社会運動

第3章　国家権力をとらない革命――社会はどうやって変えられるのか……216

第Ⅰ部　脱成長の道へ

第1章　人口減少の下で経済成長は可能なのか

1　人口減少の衝撃

人口減少の問題がいま、大きなテーマとして急浮上している。

日本の総人口は、現在（二〇一三年）の一億二七三〇万人から二〇六〇年には八六七四万人にまで縮小すると推計されている。半世紀で約四千万人、三割も減ることになる。この急激な人口減少は、さまざまな分野に深刻な影響を及ぼす。

人口創成会議（増田寛也座長）は、二〇四〇年までに全国の半数の地方自治体が人口減少の止まらない「消滅可能性都市」になると発表して衝撃を与えた（一四年五月）。二〇〜三九歳の女性が現在の半分以下に減る自治体八九六（全体の四九・八％）をリストアップしたのである。また、建設業に続いて、飲食業でも人手不足が表面化している。アルバイトやパートが集まらないために、「ブラック企業」で有名な「すき屋」やワタミが大量の店舗閉鎖に追い込まれた。これからの深刻な労働力不足の予兆と受け止められている。そして、外国人労働者の受け入れ拡大の議論が、にわかに大きくなっている。

人口減少が強い危機感を招いているのは、それが経済成長の足を引っ張るからである。総人口というよりも生産年齢人口（一五〜六四歳）の急減にともなって労働力人口が減少する。そのことは経済成長を不可能にし、脱成長への転換を避けがたくする、と私は考える。しかし、労働力人口が減少しても経済成長は可能である、という主張もいまなお強い。その有力な論拠は、生産性の向上によって労働力の減少をカバーできる、ということである。

そこで、まず人口減少と経済成長の関係を見てみよう。

2　人口減少と経済成長

経済成長（毎年のＧＤＰ＝付加価値総額の継続的な増大）は、労働力（労働力人口×労働時間）、資本（貯蓄率など）、生産性（＝全要素生産性、労働生産性や技術進歩）の三つの要素によって規定される。なかでも鍵を握るのは、労働力である。日本ではこれから労働時間が増えることは考えられないから、労働力人口の変化が重要になる。

労働力人口を左右するのは、生産年齢人口である。昨年（一三年）初めて八千万人を割ったが（七九〇一万人）、二〇三〇年には六七七三万人、六〇年には四四一八万人にまで急減する。毎年平均すると七四万人ずつ減っていくことになる。政府の「選択する未来」委員会は、定義を変えて二〇～七〇歳を「新生産年齢人口」としたが、それでも現在（一三年）の八二二九万人から六〇年には四七七七万人にまで減る。毎年七五万人ずつ減ることに変わりはない。

生産年齢人口が急減すれば、労働力人口（就業者プラス失業者）も大きく落ちこむ。それはさまざまな経済的あるいは制度・政策的な要因によって変動するから、単純な推計はできない。しかし、いくつかの仮定を置いて推計すると、現在（一〇年）六六三二万人の労働力人口は、二〇三〇年に

表　人口および労働力人口の推移

	総人口	生産年齢人口（15〜64歳）	労働力人口（カッコ内は15〜64歳）
1990年	12,361	8,590	6,384（6,024）
2000年	12,693	8,622	6,766（6,273）
2010年	12,806	8,103	6,632（6,005）
2030年	11,662	6,773	5,678（4,576）
2060年	8,674	4,418	

（単位：万人）

注1：総人口と生産年齢人口については2010年までは総務省「国勢調査」、2030年以降は国立社会保障・人口問題研究所「日本の将来推計人口（平成24年1月推計）」の中位推計。出典は「高齢白書」平成24年版。

注2：労働力人口については、2010年までは総務省「労働力調査」の実績値、2030年は労働政策・研修機構「平成24年　労働力需給の推計」の推計値で、経済が成長せず労働市場への参加が進まないケース。

は次のようになる（労働政策研究・研修機構「平成二四年労働力需給の推計」）。

現状のまま手を打たない（実質GDPゼロ成長で労働市場参加が進まない）場合、五六七八万人にまで減る。二〇年間で九五四万人、毎年平均四八万人もの減少である。一％成長で労働市場参加が一定程度進む場合は五九〇〇万人に減る。二％成長で労働市場参加が進む場合は、三七七万人、毎年一九万人の減少にとどまり、六二五五万人を維持できる。

生産年齢人口の急減にともなう労働力人口の大幅な減少は、経済成長を根本的に制約し不可能にする。さらに、家計貯蓄率の低下も、資本の面から経済成長を制約する。さまざまの対策を打ってもゼロ成長が精一杯であり、経済の規模は拡大しない（定常化する）だろう。

ところが、アベノミクスは、名目GDP三％、実質二％の経済成長を復活すると豪語している。

しかし、名目成長率が三％を越えた年は一九九〇年以降一度もない。八〇年代には四・四％であった潜在的成長率（労働力、資本、生産性の三つの要素をフルに利用して達成可能と想定される成長率）は、二〇〇〇年代に入って一％を切って〇・八％に低下している。それでも、経済成長にこだわる人びとは、どのような秘策を用意しているのだろうか。

たとえば「選択する未来」委員会は、合計特殊出生率を三〇年までに二・〇七に回復する目標を立てるように提言している。目標が達成されれば、六〇年の「新生産年齢人口」は減少幅を七八〇万人も抑えて、五五五五万人を維持できる（総人口も一億人を維持できる）、と。だが、出生率の目標設定は、産まない女性や産めない女性へのあからさまな抑圧となる。しかも、現在の出生率一・四一（一二年）、またフランスなど出生率の高い先進四カ国の平均一・九二から見れば、二・〇七という数値が現実離れしていることは明らかだ。馬鹿げた提言としか言いようがない。

3　女性の労働市場参加と外国人の受け入れでカバーできる？

経済成長のために打ち出されている政策は、まず労働力人口を増やし、減少を緩和することである。

中心柱は、女性の労働市場への参加の促進である。日本では育児の負担を女性に押しつける性別役割分業によって、女性が出産・育児のためにいったん退職し、子育てが一段落すると仕事に戻るという働き方（M字型就労曲線）がいまなお続いている。女性の労働力率は二五～二九歳で七七・二％だが、三〇～三四歳で六七・六％、三五～三九歳で六七・〇％に下がり、四〇～四四

図1　女性の年齢階層別の労働力率

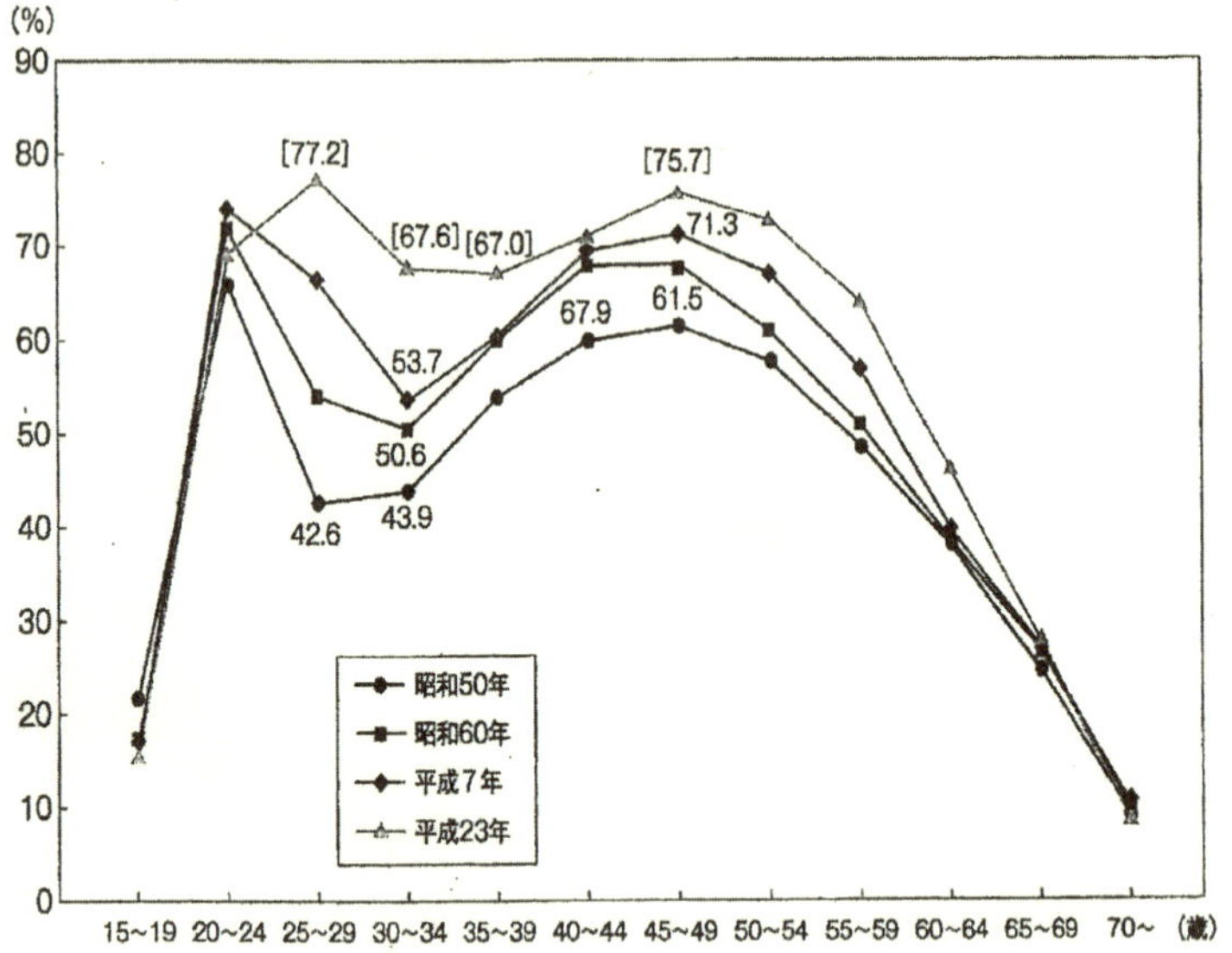

（備考）1．総務省「労働力調査（基本集計）」より作成。
2．「労働力率」は，15歳以上人口に占める労働力人口（就業者＋完全失業者）の割合。
3．平成23年の［ ］内の割合は，岩手県，宮城県及び福島県を除く全国の結果。

出典）「男女共同参画白書」2012 年版

で七一・〇％、四五～四九歳で七五・二％に回復する（一一年）。

そこで、三〇歳代の女性の就労を促し、M字型を解消することが政策目標とされる。アベノミクスの成長戦略では、女性活用策として二五～四四歳の就業率を五％引き上げ、二〇年に七三％にするという目標が掲げられている。

労働政策研究・研修機構の推計では、三〇～五九歳の女性の労働力率が二・二％しか上がらずM字型が解消されないと、女性の労働力人口は生産年齢人口の減少にともなって三〇年までに三九三万人減る。労働力率が一〇・七％上昇しM字型がかなり解消されると、減少幅は五七万人にとどまる。就労が進まない場合に比べると、三六六万人、毎年一七万人近くが新たに労働市場に参加することになる。

だが、安倍政権の女性活用政策には大きな矛盾がある。働く女性を支援する子育てサービスの拡充（五年で四〇万人分の保育を確保する、学童保育の定員を三〇万人増やす）を打ち出す一方で、「家族による助け合い」（自助）を強調して女性に育児や介護の負担を負わせようとする。また性別役割分業をやめて男性が育児に参加するためには、残業をなくすなど男性の働き方の抜本的な転換が不可欠である。だが、この政権の「雇用改革」は、逆に労働時間規制をなくして、残業代ゼロで働かせる労働者を一般社員にまで広げる、つまり長時間労働を野放しにするというものだ。

安倍政権の女性活用政策の実効性は疑わしいが、男性稼ぎ主の賃金収入が下がっている現状では女性の労働参加は避けがたく進むだろう。とはいえ、労働力率が一〇％アップする場合でも、新たに労働力になる女性は毎年　七万人である。毎年四八万人も減る労働力人口をカバーすることは困難である。

もう一つの柱は、外国人労働者の受け入れ拡大である。日本で暮らす外国人（登録者）は二〇三万八千人、人口の一・六％を占める（一二年末）。うち外国人労働者は七一万七千人である。日本は、特定の資格や専門的技能をもつ外国人（「高度人材」）だけを受け入れ、単純労働に携わる外国人の受け入れを厳しく制限してきた（技能実習生や日系ブラジル人・ペルー人の就労といった形で、こっそり「裏口」入国させていた）。

ところが、ここに来て、安倍政権は外国人労働者の受け入れ拡大に動きだした。建設業で労働力不足が表面化し、公共事業の受注ができないからだ。そこで、技能実習制度を利用するという方法が選ばれた。現在約一五万人の外国人実習生が働いているが、この制度は技能習得に名を借りて外国人労働者を低賃金で酷使する仕組みである。賃金未払いや長時間の残業など権利侵害が頻発している。にもかかわらず、政府は、二〇年の東京五輪までは建設業で実習終了後または再入国後二～三年まで追加で働けるという方針を早々と決めた。また国家戦略特区では、家事支援に従事する労働者を受け入れることを検討している。安倍政権の右翼ナショナリズム思考からすれば、定住につながる受け入れは認めない。建設業や介護や家事支援などの分野で、期間限定の低賃金労働力として利用しようとするだけである。

かつて内閣府は、生産年齢人口の減少を補おうとすれば、年間六四万人もの外国人労働者の受け入れが必要になると試算したことがある。(1) しかし、九〇年代から外国人労働者が急増した時期でも、新たに受け入れた人数は年平均五万人であった。毎年四八万人もの労働力人口の減少をカバーできる大量の外国人を毎年受け入れることは、不可能である。まして、彼ら／彼女らの権利や生活環境の保障をしないまま、泥縄式に受け入れを拡大する政策は、破たんが目に見えている。

4 切り札としての生産性向上——小幡績の見解

女性の労働参加の促進や外国人労働者の受け入れ拡大は、大幅な労働力不足を解消するまでには至らない。このことは、人口減少下でも経済成長が可能だと主張する人びとも認めざるをえない。そこで切り札として持ち出されるのが、労働力人口の減少をカバーするだけの生産性の上昇である。

持続的な成長を達成するためには、労働人口の減少を補ってなお上回る生産性の上昇を持続させなければならない(2)。

人口オーナス［人口に占める生産年齢人口の割合が低下する］時代には、労働力一人当たりの生産性を引き上げていくことが強く求められる(3)。

少子高齢化による労働力人口の減少とＩＴ化の進展は、生産性の高い労働者をますます必要と（する）(4)。

小幡績も、生産性の上昇による経済成長の持続を主張する一人である。彼は、人的資本蓄積、つまり学校教育や職業訓練によって労働者が高い技能や知識を習得し、生産性を高めることで「持続可能な質的成長」をめざすべきだと言う。

持続可能な質的経済成長とは、労働者の人的資本蓄積、企業のノウハウ蓄積・技術進歩という生産要素の質的高度化による生産性の向上による成長だ(5)。

小幡はアベノミクスに組みせず、無制限の金融緩和によるデフレからの脱却政策を進めようとするリフレ派を真っ向から批判してきた。インフレを政策的に引き起こす政策は国債を暴落させ、国債を大量に保有する銀行の経営破たんを招くが、銀行を救済しようとしてもその資金を調達する国債を買ってくれる人がいない。日銀引き受けにすれば、さらなる国債暴落を招くであろう、と。(6)

そして、小幡は、アベノミクスの「二本の矢」である金融緩和と財政出動による「短期の景気対策は長期の経済成長を妨げ」る、と批判する。

アベノミクスに象徴されるように、金融と財政で短期的に景気と内閣支持率を浮上させ、その勢いで痛みを伴う長期的な成長戦略を実現させるという構図……も誤りである。(7)

なぜなら、そうした政策はイノベーションを生まず、「円安による輸出も過去のビジネスモデルに企業を回帰させ」るだけだからである。

これに代わって、「新しいビジネスモデル・企業の誕生」と「イノベーション」による生産性の向上が持続するような経済成長を提唱する。そのためには、若者・女性・非正社員のスキルアップとそれに見合う賃金引き上げが必要だ、と。

若年層に人的資本蓄積の機会となる仕事を与え、その付加価値に応じた高い賃金を将来企業が払う好循環が起こることが必要だ。非正規雇用は低賃金の問題ではなく、人的資本蓄積の好循環が起きない単純な仕事しか与えられないという問題なのだ。女性の勤労者市場への参画も、量的な労働力増加だけでは意味がなく、それが仕事場におけるイノベーションの進展につながり質的好循環を起こすことが望まれる(8)。

小幡の言う「持続可能な質的成長」は、これまでの日本の経済成長戦略とは明らかに異質である。これまでは、賃金もスキルも低くいつでも代替可能な非正規雇用労働者を大量に利用することで経済成長が追求された。人間を使い捨て人件費をギリギリまで削って価格競争力を強める、という戦略であった。

しかし、そうした戦略はいまや、大きな壁にぶつかっている。グローバル市場競争に生き残るために価格競争力で勝負するやり方は、電機産業の衰退に見られるように新興国の追い上げを受けて通用しなくなった。もうひとつは、飲食業や小売業で人手不足が表面化していることである。「すき屋」やワタミが、アルバイトやパートが思うように集まらず大量の店舗の閉鎖や営業時間短縮に追い込まれた。時給を一五〇〇円にまで上げても、劣悪な労働環境が嫌われて応募者が来ないのである。そこで、ユニクロのように人材確保のために非正社員を地域限定の「限定正社員」にする動きも広がっている。

労働力不足は、いまのところ特定の分野で表面化している。有効求人倍率は、飲食店など「接客・給仕」で二・六四倍、「建築・土木・測量」で三・九七倍の高さだが、多くの人が希望する「一般事務」は〇・二八倍にとどまる（二〇一四年二月）。しかし、労働力人口の減少が与える深刻な影響が現われつつあることは明らかだ。

したがって、若者や女性を低賃金・未熟練の労働力（非正規雇用労働者）として使い捨てるような成長路線は、否応なく転換を迫られる。労働力人口の減少は、労働者一人ひとりの価値を高める。そこで、教育と訓練によって労働者の知識や技能を高めて、生産性を向上させる（労働の質を高度化する）方向への転換は、時代の当然の要請となる。小幡は、「人の成長なくして経済の成長なし」[9]と言う。その人的資本蓄積による「質的成長」論は、これまでの成長路線に代替する選択肢を提示したものと言える。しかし、そこには大きな問題点も潜んでいる。

5　スウェーデン・モデルの問題点

若者・女性・非正規労働者のスキルアップとそれに見合う賃金引き上げという構想は、スウェーデンの職業訓練による労働者の就業能力向上という「積極的労働市場政策」を想起させる。

スウェーデンは、租税と社会保険料の負担は重いが、手厚い社会保障を実現している国として知られている。同時に、その国際競争力は、世界トップクラス（WFFでは第四位、日本は一〇位、二〇一二年）にランクされている。輸出を武器にして（輸出依存度五四％）、二〇〇〇〜〇七年には年平均三・〇％の成長率を達成した（ただし一一〜一三年は一・五％）。そこから、〝経済成長なしには社会保障の充実はない〟という命題を実証する事例とされている。

その高い国際競争力を生む要因に挙げられているのは、ひとつは法人税を二六・六％にまで引き下げた税制改革である。もうひとつは、高い生産性をもつ人材を育成する教育投資や「積極的労働市場政策」である。企業優遇の税制改革、そして失業手当への依存を断ち切り職業訓練によって就労（による自立）を迫る労働政策は、新自由主義的な改革である。

橋本務は、北欧の福祉国家は新自由主義を採り入れることで「北欧型新自由主義」に変質してきた。それは、北欧型福祉国家か米国型新自由主義かという「論争を収斂させる実効的なビジョン」、『ロスト近代』の時代に対応した普遍的なモデル」である、と断言している[10]。橋本の見解は、北欧と米国の重大な質的差異（たとえば企業の社会保険料負担の高さ）を無視した乱暴な議論ではあるが、スウェーデンが新自由主義的改革をさまざまな形で採り込んできたことは間違いない。

ここでは、教育と職業訓練による質の高い労働者の育成という問題に絞って見てみる。スウェーデンでは、労使間の団体協約によって同一労働同一賃金の原則を貫きながら賃金が決められる（「連帯賃金政策」）。つまり、同じ仕事（職種）であれば同じ賃金が、企業や産業の違いを越えて支払われる。これによって、男女間の賃金格差は小さく、また正規と非正規（有期契約）の労働者の間の賃金格差は存在しない。

同一労働同一賃金原則は、公正な賃金を保証し格差を小さくするだけではない。それは、別の経済効果を発揮する。企業の業績と関係なしに同じ賃金が払われると、生産性の高い企業や産業はその分利益が増える。逆に生産性の低い企業や産業は賃金支払いに苦しめられ、縮小・倒産に追い込まれて、労働者が解雇される。そうなると、整理・淘汰された部門から放出された労働力が、生産性の高い部門に移動する。結果的に、経済全体の生産性が高まり、成長が進むとされる。

生産性の高い部門へ労働力をスムースに移動させるために、政府は失業した労働者に職業訓練を施し、個々人の能力を高めて転職や再就職を容易にする。積極的労働市場政策である。連帯賃金政策と積極的労働市場政策の組み合わせによって、公正な賃金を保障しつつ、高生産性の部門に質の高い労働力を移す。これは、「レーン・メイドナー・モデル」と呼ばれる。

しかし、このモデルは、高い知識や技能をもつ労働力を供給するが、必ずしも雇用の創出・拡大には結びつかない。「彼らを受け止めようとする雇用そのものがない状況では、［訓練の］プログラムの内容がいかに素晴らしくても、失業者は減らない」[11]。リーマン・ショックから回復した現在も、スウェーデンの失業率は八％台で高止まりしている。

生産性の高い部門は、訓練されて能力が高い労働者を必要とするが、労働力の吸収力・雇用創出力は小さいという限界がある。宮本太郎は、次のように指摘している。

> 生産性の高い企業では、技術革新と脱工業化がすすむにしたがい、一部の高度な管理的・専門技術的な労働を除けば、全体として省力化がすすみ、次第に労働力を吸収しなくなる。労働生産性は上昇しGDP成長率が向上しても、「雇用なき成長」になってしまう。
>
> 職業訓練を徹底して労働力を先端部門に移動させることにも限界がある。労働者の技術を高めても、そもそも仕事がないのでは話にならない[12]。

輸出の主力を担っている製造業（自動車、通信機器など）は、就業者数から見ると全体の一四・三％にすぎない。就業数が最も多い（三一・七％）のは、教育・医療・社会サービス・対人サービスの分野なのである。スウェーデンでも、雇用創出の必要性という観点からサービスの分野が重視されつつある。この分野では、高い技能や知識を要する仕事もあるが、家事支援サービスなど必ずしも高い能力がなくても働ける仕事も多いのである。

６　雇用を創る仕事を増やし、脱成長の地域内循環型経済へ

スウェーデンの経験を踏まえて、日本の現実に戻ろう。

教育や職業訓練の拡充によって高度な知識や技能をもつ人材を育成し、これを生産性の高い産業に投入して付加価値の高い製品を供給する。その輸出を拡大して経済を成長させる。こうした戦略の有効性とリアリティを検討する。

人口減少が進むなかで、若者・女性・非正社員をはじめ労働者一人ひとりの知識や技能を向上させる必要性は、どの分野でも強まる。それによって創意工夫の発揮や仕事の充実感が得られ、質の良い製品・作物・サービスを生みだすことができるからである。また、労働の質の向上は、賃金が上がる根拠ともなる。

しかし、高い能力のある労働者を生産性の高い部門に移動させて高付加価値の商品を作り、輸出する。これを経済全体の基軸に据えて成長するという戦略は、まったく別の話である。たしかに、日本にも輸出競争力のある高付加価値の製品やインフラがある（たとえばレンズ、光学用フィルム、水道設備など）。今後も優れた技術力やアイデアによって高品質でブランド力のある新商品を開発し輸出することは、可能であろう。だが、円安でも輸出が伸びず海外の現地生産へのシフトが進む現状を直視すれば、日本からの輸出商品が再び世界市場を席巻することなどありえない。高付加価

値の商品の輸出は、経済全体にとって重要だが補完的な役割にとどまる。

そして、生産性の高い部門は、雇用を増やすという点では本質的な限界を抱えている。製造業の労働生産性（付加価値／就業者）は相対的に高いが（八六二万円／人、産業平均七〇四万円／人、一一年）、就業者は減少の一途をたどり一千万人を割った。また、情報通信業は、生産性が高いが（一三五四万円／人）、就業者は一六三万人（一〇年）にとどまる。小幡の見解も、質の高い労働者をどの分野で雇用するのかという提案を欠いた供給サイドの議論になっている。

経済成長にこだわれば、生産性の高い部門に労働力を移動させる戦略が選択されよう。アベノミクスの成長戦略でも、「成熟産業から成長産業への失業なき労働移動」が謳われている。生産性の低い部門から生産性の高い成長部門に労働力をスムースに移動させる、というわけである。この戦略は、正社員を簡単に解雇できるようにして労働市場の流動化を高めるという「雇用改革」の企てとセットなのだ[13]。

しかし、経済成長という目標ではなく、人びとに雇用と仕事を提供するという立場からすれば、生産性の高くないサービス部門に労働力と資金を投入するほうが重要になる。サービス業の生産性は四五九万円／人、卸・小売業のそれは五七五万円／人と低い。だが、その雇用創出力は大きい。生産性の低い部門こそ重要であり、「基軸産業」になると考えるべきだ。

その代表格は、介護サービスである。医療・介護の就業者は、この一〇年で一八五万人増えて六一三万人（一〇年）と、卸・小売業（九八〇万人）と製造業（九六三万人）に次ぐまでに増大している。介護の分野だけでも八一万人から二一三万人に増えている。同時にこの分野は、全業種中

図2　産業別雇用者数の増減（2002年→2010年）

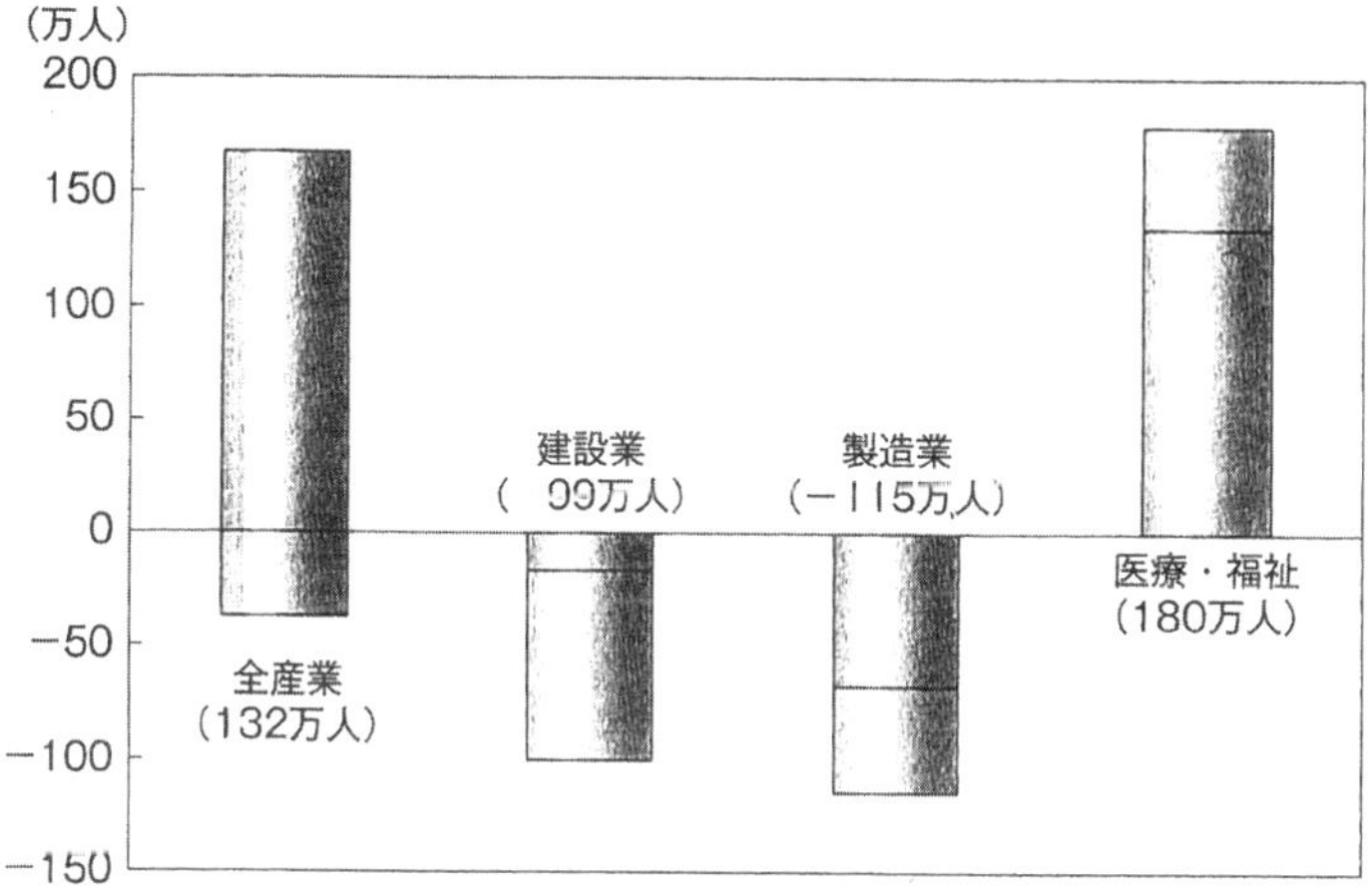

（備考）1．総務省「労働力調査（基本集計）」より作成。
2．（　）内は平成14年から22年の間で当該産業の雇用者数の増減（男女計）。
3．平成23年の結果は岩手県，宮城県及び福島県を除いた全国の実数であるため，22年の結果を引き続き使用することとする。

なお、全産業の増加分は女性、減少分は男性。建設業と製造業の上部は女性、下部は男性。医療・福祉の下部は女性、上部は男性。

出典）『男女共同参画白書』2012年版

で飲食サービスに次いで二番目に生産性が低い。介護は、知識・経験と訓練を要する仕事であるが、ITなどの高度な知識や技能を必要とするものではない。また介護器具の導入など機械化には限界があり、多くの人手の投入が必要とされるからだ。

労働者一人当たりの産出高を大きくするという生産性の指標からすると、一人がケアする要介護者の人数を増やせば生産性は上昇することになる。だが、要介護者一人に対してより多くの介護者を配置し、相手の多様なニーズに細かく応じる手間ひまかけたケアこそが望ましい。多くの人手をかける良質のサービスは、生産性を低下させることになる。モノづくりでの生産性の指標は、人間を相手にする介護・医療・教育・接客などの対人サービスの分野には、そのまま当てはまらない。生産性というモノサシを作り変えることが問われてくるのである。

介護従事者の賃金は、いちじるしく低い(産業平均の月三二・三万円に対して介護職員二一・四万円、二〇一〇年)。そのことが、仕事のきつさと相まって離職率の高さ、慢性的な人手不足を招いている。報酬(賃金)が低いのは、生産性が低いからだとされるが、介護が家事労働の延長線上にある仕事だと社会的に低く評価されてきたことにも原因がある。介護に対する報酬(対価)が低すぎれば、事業の売上高(付加価値)も増えないから生産性も低いままになり、賃金も増えないという悪循環になる。

賃金をもっぱら生産性に連動させる現在の仕組みでは、生産性が低い(あるいは上昇に限界がある)介護・飲食・小売り・農業の分野には若者は就業しなくなる。だが、これらの分野が社会生活になくてはならないかぎり、賃金を大幅に引き上げる必要がある。成長論者からすれば、低生産性の部門に労働力を多投したり高い賃金を支払うことは、資源の浪費ということになる。

しかし、成長の幻想から自由になれば、まったく別の視点から雇用を増やす分野や賃金のあり方を決めることができる。それぞれの労働の社会的な役割の評価にもとづく賃金の決定と支払いの工夫(税のより多くの投入を含めて)が必要になる。雇用を増やすのは、人びとの潜在的なニーズが大きく、また地域社会の維持に役立つ分野ということになる。

介護・医療・子育て・教育サービス、農と食、脱原発・再生可能エネルギーの分野に人材と資金を重点的に投入する。これらの分野は人手を要するから、教育と訓練によって労働の質を向上させ（それに見合って賃金も上げ）つつ多くの雇用や仕事を創出できる。そして、地域内でモノと仕事とお金が回る経済の仕組みづくりに貢献できる。再生可能エネルギーの事業は、地域に豊かに存在する固有の資源を活用する。農業は、地域の風土に応じた営みであり、最近ではその土地で採れた食べ物が高い価値をもつ。ケアの事業は、それぞれの地域の住民に密着した事業である。

高生産性部門のグローバル企業による輸出主導の経済ではなく、多様な主体による地域内循環型経済（コミュニティ経済）の構築こそ求められている。それは、人口減少による地域社会の崩壊の危機（大都市で孤立する人の急増を含めて）に住民が立ち向かい、安心して豊かに暮らすことを支えるにちがいない。

註

1　内閣府『平成一五年版　経済財政白書』

2　盛山和夫『経済成長は不可能なのか』（中公新書、二〇一一年）

3　小峰隆夫『人口負荷社会』（日経プレミアシリーズ、二〇一〇年）

4　大内伸哉「経済変化踏まえて見直しを――雇用制度改革の論点（上）」（日本経済新聞二〇一四年六月五日「経済教室」）

5　小幡　績「短期的な好循環、続かず――景気回復は持続可能か（下）」（日本経済新聞二〇一四年二月二七日「経済教室」）

6　小幡『リフレはヤバイ』（ディスカヴァー携書、二〇一三年）

7　小幡「短期的な好循環、続かず」

8 前掲
9 小幡『成長戦略のまやかし』（PHP新書、二〇一三年）
10 橋本　務『ロスト近代　資本主義の新たな駆動因』（弘文堂、二〇一二年）
11 湯元健治・佐藤吉宗『スウェーデン・パラドックス』（日本経済新聞社、二〇一〇年）
12 宮本太郎『生活保障』（岩波新書、二〇〇九年）
13 「雇用改革」の狙いを、大内伸哉は次のように述べている。「雇用流動化政策の強化は、IT化の進展による産業界が必要とする業種や職種が大きく変わり、労働力もより成長性のある業種や職種への移動が必要となる時代に備える意味もある」（「経済変化踏まえて見直しを――雇用制度改革の論点（上）」）

（初出『季刊ピープルズ・プラン』第六五号、二〇一四年七月）

第2章　脱成長論の現在

Ⅰ　脱成長をめぐる二つの問い

はじめに

脱成長を提唱する議論が活発になっている。

目についたものだけを挙げても、セルジェ・ラトゥーシュの『脱成長は世界を変えられるか？』（中野佳裕訳、作品社、二〇一〇年）に続いて、『脱成長のとき』（佐藤直樹・佐藤薫訳、未来社、二〇一四年）が訳出された。国内では、高橋伸彰×水野和夫『アベノミクスは何をもたらすか』（岩波書店）、広井良典×橘木俊詔『「脱成長」戦略』（岩波書店）、広井良典『人口減少社会という希望』（朝日選書）、橘木俊詔『「幸せ」の経済学』（岩波全書）などが、二〇一三年に相次いで出された。人変な評判を呼んだ藻谷浩介／NHK広島取材班『里山資本主義』（角川oncテーマ21）も、脱成長社会の一つのモデルを提示した。二〇一四年に入ると、雑誌『世界』が三月号で「『脱成長』の構想」を特集し、水野和夫『資本主義の終焉と歴史の危機』（集英社新書）が話題を集めている。

脱成長論が活発に展開されるようになったきっかけは、いうまでもなくアベノミクスの登場である。アベノミクスは年平均で名目三％、実質二％のGDP成長率の回復を標榜しているが、そこには日本が抱えるすべての難問は経済成長によって解決できるという発想（幻想）がある。「異次元の金融緩和」や公共事業大盤振る舞いの財政出動への批判が目立っているが、本命とされる「成長戦略」に対する批判こそ必要である。脱成長論は、アベノミクスの経済成長至上主義の大きなリスクと落とし穴に警鐘を鳴らし、それに代わる対抗構想を探ろうという役割を担っている。

脱成長をめぐる議論の焦点は、二つの問い＝テーマに当てられている。

（1）脱成長は、避けられない現実なのか。日本に限って見ると、経済成長はもはや望めず、否応なく脱成長あるいはゼロ成長（経済規模が拡大しない定常経済）に移らざるをえないのか。

（2）脱成長の社会は、進んで選びとるべき望ましい未来なのか。これまでのように経済成長を追い求める社会ではなく、脱成長の社会こそが豊かなのではないか。

脱成長を提唱する人びとは（私も）、二つの問いにYESと答える。

ゼロ成長が精一杯

（1）については、第1章で論じておいたので、ここでは結論だけを述べておく。

人口減少社会に入った日本では、労働力人口の急激な減少が経済成長を根本的に制約し不可能にする。労働力人口の減少を緩和するために、女性や高齢者、とくに女性の労働参加の促進、外国人労働者の受け入れ拡大といった政策が採られるが、二〇三〇年までに毎年平均四八万人も減る労働力人口をカバーすることは困難である。

そこで、生産性の向上が経済成長の切り札とされる。イノベーションを進めると同時に、教育や職業訓練によって高い知識と技能をもつ労働者を養成し、これを生産性の高い輸出向けの部門に移す、という政策である。だが、高付加価値の製品を産みだす高生産性の部門は、雇用吸収力が小さいという本質的な限界がある。雇用の拡大と安定に役立たないのである。

それでも、輸出向け部門が生産性を高めて世界市場を席巻すれば、国内市場が縮小しても経済成長は可能になるというシナリオは、論理的にはありうる。しかし、円安下でも新興国の追い上げで日本企業が価格競争力を失い、海外への現地生産のシフトが進んで輸出が伸びないという現実は、このシナリオからリアリティを失わせる。

女性の労働参加、生産性の向上、輸出の増大といった方策がそれなりに成功したとしても、またＧＤＰ成長率が実質二％を越える年があるとしても、長い射程で見れば人口減少と労働力不足という根本的な制約の下では、ゼロ成長が精一杯であると言えよう。

Ⅱ　脱成長社会は悲惨な社会なのか

ゼロ成長・マイナス成長は失業や格差拡大を生む？

（２）のテーマについては、経済成長が必ずしも人びとを「幸せ」にするものではない、という認識が次第に共有されつつある。幸福度の指標を生活満足度（「現在の生活に満足しているか」の問いに「満足している」と答えた人の割合）でとってみると、日本では、一人当たりのＧＤＰは一九六四年から二〇〇八年にかけて三・九倍に高まったが、生活満足度は六四年から九〇年代にかけて上昇傾向を示した後、九五年の七〇%をピークにして下降している。[1] 他の先進国でも所得の高さと幸福度の間に正の相関が見出せないことが、統計的に実証されてきた（イースタリーの「相対所得仮説」）。

とはいえ、経済成長が幸福度を高めるものではない、という命題が確認されても、その逆は必ずしも成り立たない。すなわち、ゼロ成長あるいはマイナス成長が幸福度を高めるとは単純に言えない。しかし、ゼロ成長であっても、いくつかの条件や仕組みがあれば、人びとは「幸せ」になることができる。

この問題に関して、脱成長あるいはゼロ成長の社会は暗くて悲惨な社会である、という批判がある。すなわち、経済が拡大しないゼロ成長は、失業や非正規雇用の増大、格差と貧困の拡大、パイの奪い合いをもたらす。このことは、バブル経済崩壊後にゼロ成長に陥ってきた日本の現実によって証明されている、と。

荻上チキや小峰隆夫がこうした批判を展開している。

今まさに日本は低成長・マイナス成長の時代ですが、［脱成長は］それをさらに加速させるということです。……マイナス成長の世界とは「減り続けるパイの奪い合い・削り合いが加速する世界」だということです。どんどん商品・サービスが売れなくなっていく社会で、僕らはより一層の価格引き下げ競争を強いられ、企業は利益の確保に走ります。人を切ったり、正社員を解雇し、非正規雇用が増加する、貧しい人からどんどん苦しくなっていく。格差がどんどん拡大していく社会です。
低成長、脱成長とは……「パイを減らすことで、過当競争を全国民に強いる、過酷なイス取りゲーム」のことなのです。(2)

賃金・ボーナスなどの名目所得の上昇率は低く（マイナスでさえある）、就職活動は厳しく、国民は生活水準の高まりを実感できず、銀行にお金が余って処理に困るほど国内の投資活動は停滞しており、経済構造の改革は遅々として進まず、多くのひとが格差に敏感となり、そして巨額の財政赤字が累積しつつある。こうしたことは全て実質、名目の成長率が低いという事実が有力な要因となっている。

むしろ「日本は脱成長路線を歩んできた」と言ったほうがいい状態である。そして、低い成長によって日本は大いに苦しんでいるわけだから、近年の状況は「脱成長をしたらどんなにひどいことになるのか」の見本を提供しているのだともいえる。「脱成長」どころか再び「成長至上主義」に戻れとさえ言いたいほどである。(3)

ラトゥーシュも、リーマン・ショック後に先進諸国が「脱成長」状態に陥ったため失業や貧富の格差拡大が増えている、という批判を取り上げている。彼はこれに対して、「経済成長の起こらない経済成長優先社会ほど最悪なものはない」、「能動的に選びとる脱成長は、受け身で我慢を強いられる脱成長……私たちが経験するマイナス成長とは根本的に異なる(4)」と反論している。ラトゥーシュの反論はレトリックとしては面白いが、あまり説得力のあるものではないと、私には思われる。

問題は公正な分配の有無

バブル崩壊後のゼロ成長の時代は、たしかに失業率の上昇、非正規雇用の急増、格差と貧困の拡大の時代であった。しかし、こうした暗くて悲惨な状況になったのは、ゼロ成長になったからではなく、公正な分配が行われなかったからなのである。

脱成長が悲惨な社会を招くという批判は、二つの点で誤っている。

第一に、経済危機や不況によるゼロ成長やマイナス成長は、いつでも、必ず悲惨な状態をもたらすだけだとは言えない。

経済がゼロ成長やマイナス成長に陥ると、企業側は、売上げが伸びないなかで人件費削減のために労働者の解雇や賃下げ、あるいは非正規雇用への置き換えを行なってくる。それによって、失業の増大、格差と貧困の拡大、さらには社会保障の削減などが引き起こされる。しかし、そうした犠牲の押しつけが現実のものになるかどうかは、労働者や民衆の側の社会的抵抗力の大きさによって決まる。労働組合が強い国では、賃金の引き下げが阻止され、生活水準が維持されることもありうる（賃金の下方硬直性の現実化）。ゼロ成長やマイナス成長それ自体が失業・格差・貧困をもたらすのではなく、公正な分配、つまりパイではなく負担の公正な分配の欠如が悲惨な状態を招くのだ。

さらに、経済が破たんすると逆に、民衆のなかで生きるための分かち合いや助け合いの試みを活発に生み出し、発展させるというケースもある。例えばワークシェアリングや自主管理による雇用の確保、地域通貨の発行の試みである（二〇〇一年アルゼンチンの「ピケテーロス」運動、二〇一一年ギリシャの市民による半自給の運動など）。民衆による分かち合い・助け合いの運動が発展し、これと政府によるグローバル企業や富裕層の利益を制限する政策とが結びつけば、ゼロ成長下でも公正な分配（格差と貧困の解消）は可能になる。

ポジティブな言い方をすれば、脱成長社会とはシェアする社会、分かち合う社会である。その意味で、豊かな社会なのである。

また、脱成長論者のなかにも、マイナス成長に陥って急激に経済が縮小し「人びとの元気さと生活水準が低下しては困るので……少なくともゼロ成長だけは達成したい」[5]と考える人もいる。しかし、マイナス成長でも怖くないと、言うべきだろう。なぜなら、ＧＤＰは市場を経由する取引をカウントして測る富であり、それが縮小してマイナス成長になっても、市場を経由しない交換や活動が活発に広がれば働く場も生活水準も維持できるからである。つまり、ＧＤＰが縮小しても、実体的な経済活動の規模や中身が必ずしも縮むわけではない。

脱成長社会では、自由な時間が手に入ることによって、地域コミュニティでの半自給的な生産・制作や生活、無償の助け合いといった非市場的な活動が飛躍的に広がる。それは、お金で測れない富や豊かさが増えることに他ならない。

非正規雇用だけ拡大する成長の時代

第二に、ゼロ成長は悲惨な状況を招くという批判は、経済成長の復活が失業、格差、貧困を解消するという神話に深く囚われている。この批判は、今日の経済成長の特徴を見落としていると言わねばならない。

　現代の経済成長は、金融化（金融経済＝マネーの膨脹と独走）と非正規雇用の拡大による成長である。このことは、企業が利益を増大させた分だけ賃上げの形で労働者に還元する「トリックルダウン効果」がもはや失効していることを意味する。グローバル市場競争のなかで勝ち残ろうとすれば、企業は、人件費のたえざる切り下げを余儀なくされる。その主要な方法は、雇用の劣化、非正規雇用の拡大である。

図3　企業の経常利益と労働者の給与

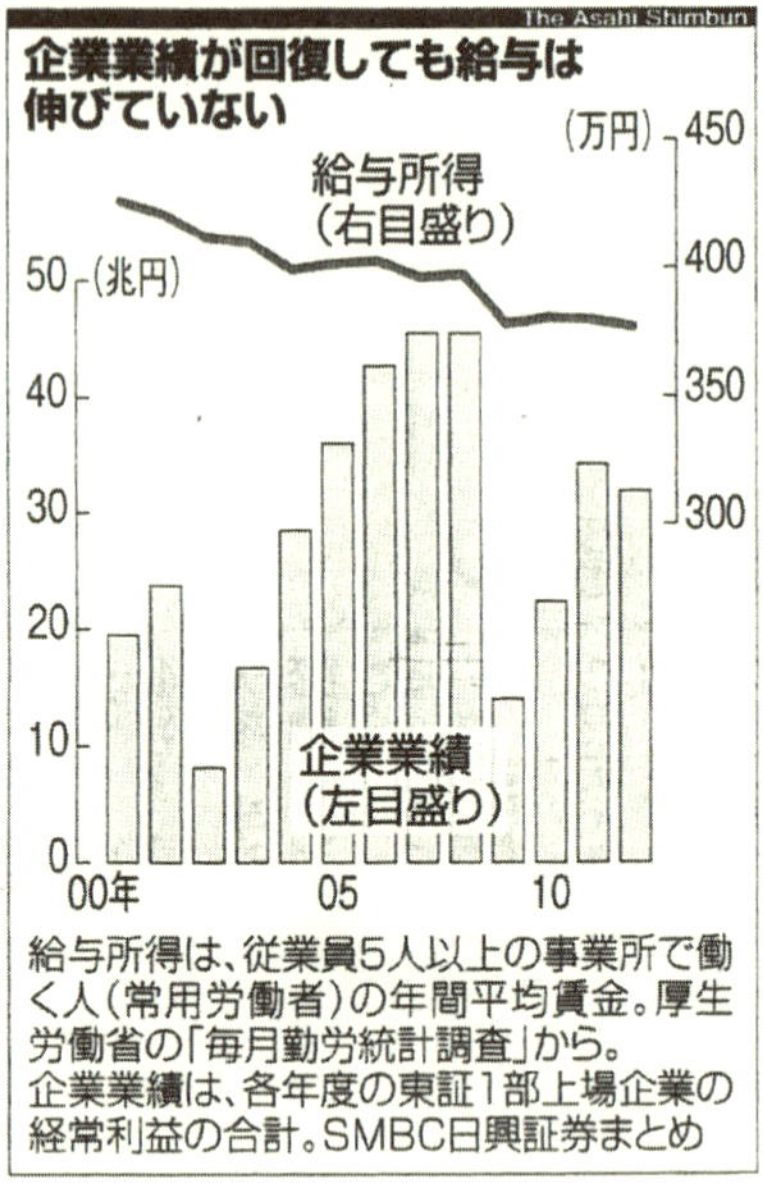

出典）朝日新聞 2013 年 2 月 2 日朝刊

　したがって、経済成長が再現しても、それは非正規雇用だけが拡大する経済成長であり、格差と貧困の増大を避けがたくともなう成長なのである。

　このことは、二〇〇一年から〇七年にかけての「戦後最長の景気回復期」において、企業の経常利益の急増と労働者の賃金の継続的な下落とが同時進行した事実によって証明されている。この時期のＧＤＰの実質成長率は一・七％となり、企業の経常利益（総額）は二〇〇一年の二八・二兆円から毎年増え続け〇七年には五三・四兆円に達した。しかし、民間労働者の平均年収は四五四万円から下がり続け、〇七年には四三七万円になった。その原因は、非正規雇用の急増にあった。

グローバル化のなかの経済成長がこうしたものであるかぎり、経済成長の復活は悲惨な状況の解消をもたらさない。

ただし、人件費の切り下げと非正規雇用の拡大による国際競争力の強化という方法ではない別のやり方での成長の可能性も排除できない。高い知識や技能をそなえた労働力の養成（人的資本投資）によって高付加価値の製品を作り輸出するというやり方である。しかし、この成長の可能性は、品質や生産性の点で際立って高い輸出競争力を誇る少数の国に限られる例外的なものでしかない。

Ⅲ　脱成長社会は変化のない退屈な社会か

脱成長社会のイメージ

脱成長社会は、〝スロー・スモール・シンプルな社会〟としてイメージされる。高坂勝は「ダウンシフト」、「減速して生きる」[6]社会を、ラトゥーシュは「自らの意思で節制を選択した社会」[7]を提唱している。

スピードを落とし、欲求の膨張を抑え、競争よりも助け合いを優先する脱成長社会は、変化に乏しく停滞気味で保守的な社会なのではないか。こうした疑問が、脱成長社会に向けられている。

高橋伸彰は脱成長の立場に立って成長論者を批判しながらも、ゼロ成長の社会が何の変化もない退屈な社会になり、希望や活力が失われることへの危惧を正直に述べている。

政府が社会保障など長期の政策を立案する際には、甘い見通しを抱かずにゼロ成長でも制度が機能するように設計すべきだというのが私の持論です。ただ、実際の成長率が本当にゼロでいいかとなると、迷います。何の摩擦もない世界、……人間の暮らしが一切変化しなくてもよいなら、人口増加の分を除けばゼロ成長でもいいと思います。でも、現実に私たちが暮らしている社会では、毎日同じ暮らしを続けていくことはできません。そうなると退屈になり、希望がなくなり生きていく活力さえ失われるのではないでしょうか。

希望を持ちながら生きていくためには、変化が必要です。というより変化することへの期待が希望につながります。成長論者は市場価格で測ったパイが大きくならなければ社会はもたないと言いますが、中身が変化すれば量は必ずしも増えなくてよいのです。……中身の変化が量の変化よりも重要だという意味で私は「脱成長」という言葉を使うのです。(8)

ラトゥーシュは「脱成長」の主眼を、「経済成長という名の宗教からの脱却」に置いている。その核心は、「節度」の感覚の回復であり、「禁欲」であり、「自律性」の実現である。自律性の概念は、イリイチやカストリアディスに準拠しながら、欲望や技術の断念と禁欲という意味で使われている。

脱成長というスローガンが包含する自律的で節度のある社会の企図。
脱成長の道は禁欲の道である。
欲求の内発的な抑制を社会のすべての成員とともに民主的な手法で決断することが重要なのだ。必要で望ましくなおかつ可能な生産、消費活動は、社会関係の中に「再び埋め込まれる」[9]。

この自律という考え方は、「自らの自由を律する」、つまり「足るを知る」という考え方に通じる。これは、成田空港建設に反対してたたかい抜いた三里塚反対同盟の青年行動隊の思想的な到達点でもある[10]。

ラトゥーシュが言う「節度」や「禁欲」を言葉通り受け取ると、人間の欲求を権力で抑え込むような社会がイメージされがちである。社会が人びとの欲求をどのように律する（コントロールする）ことができるのかは、社会のあり方を左右する最大の難問なのである。

二〇世紀社会主義の歴史的敗北の経験は、計画経済の形で人びとの欲求を国家が計測しコントロールすることが不可能なことを明らかにした。対照的に、二〇世紀の資本主義は、人間の欲求を無制限に解き放つことによって経済成長に成功した。だが、資本主義は欲求をコントロール不能なまでに膨らませ、次のような問題を引き起こしてきた。

第一に、先進国や発展途上国の富裕層のなかでは欲望が膨れ上がりモノが溢れているが、その対極に食べ物や水や教育など基本的なニーズ（生存に必要不可欠な欲求）を充足することさえできない多数の人びとを置き去りにしてきた。

第二に、環境破壊や環境汚染・資源枯渇を引き起こし、環境・資源の制約という限界に突き当たってきた。これは「成長の限界」（ローマクラブ）という問題として、すでに一九七〇年代から指摘されてきた。

第三に、モノやサービスの氾濫・過剰というレベルを越えて、マネー（金融経済）の膨張と独走をもたらしてきた。「豊か」になりたいという欲求を、金融商品の無制限な供給によって吸い上げ充足させる金融資本主義化の進展である。「信用」にだけ根拠があって実体のないマネーは、環境や資源の物的な制約を越えて自己増殖することができるからである。しかし、マネー資本主義はリーマン・ショックでその根本的な限界をさらけ出した。経済全体が「尻尾（媒体であるマネー）」に振り回される」（バーナンキ前FRB議長）ような不安定性、不確実性が極度に高まっている。

新しい質の欲求の開花

先進国では、明らかに欲求の質や中身に大きな変化が起こっている。自動車や電化製品など耐久消費財の普及が一巡したことを背景にして、モノの所有への欲求に代わって新しい質の欲求が生まれている。

ひとつは、規格化された商品の受け身的な消費から脱却して、モノとの新しい関わり方を生み出そうという試みである。これは、環境・資源の制約を意識してその制約のなかで欲求を律し、環境保全・省資源型の製品やエネルギーを生産したり使ったりする人が増えていることに見られる。家庭での太陽光発電や地域でのバイオマス発電などエネルギー自給、家庭菜園、クルマから自転車へのシフトなどである。

もうひとつは、他者とのコミュニケーション（人と人の関係性）を回復することへの欲求の強まりである。仲間づくりから地域コミュニティ再生まで、さまざまの形で人と人のつながりを創りだすことへの欲求や試みが広がっている。たとえばシェアハウスの増大もそうである。

三つ目は、自分たちの手に時間を取り戻したいという欲求が高まっている。日本ではスローな生活の実現は簡単ではないが、スピードアップや効率性優先を強いられる生活から脱却し、自由な時間を手に入れて多様な暮らし方を楽しみたいという人は確実に増えている。

新しい質の欲求の出現は、市場からのモノやサービスの過剰な購入に代わって非市場的・非貨幣的な活動の領域（半自給の生活、無償の助け合いなど）を飛躍的に広げることにつながる。つまり、お金を介さないつながりや活動が拡大する。そのことはＧＤＰの増大としては現われないから、脱成長に向かわせる。

このように、脱成長社会は、「禁欲」「節制」というよりも新しい多様な欲求が開花する社会、選択肢の多い変化に富んだ社会としてイメージできる。

ただし、新しい質の欲求の出現や広がりは、脱成長経済の可能性だけでなく、サービスの商品化による経済成長の促進という両義的な作用をすることにも注意すべきである。新しい質の欲求の登場は、大きなビジネスチャンスの出現でもあるからだ。自分たちが無償で行なっていた活動の多く（料理を作る、悩みを相談する、見合いをする、高齢者を見守る）が市場化＝商品化され、お金で買えるサービスに変わりつつある。中食、家事代行サービス、セラピー事業、結婚相手紹介サービス、見守りサービスなどである。この傾向は、サービス経済の拡大という形で経済成長を促進することにもなる。

Ⅳ　これからは地域内循環型経済

輸出拡大に活路は見出せるか

人口減少という経験したことのない制約条件の下で、これからの日本は、どのような道を選ぶかについて二つの考え方がある。

ひとつは、〝人口減少で国内市場が縮小するのだから、新興国向けの輸出を拡大する以外に経済成長を続ける道はない〟といった主張で、これがまだ主流を占めている。

日本は輸出の拡大をあきらめるべきではない。人口減で日本の内需の大幅な伸びが期待しにくい中で、付加価値の高い産業で比較優位を確保し、日本でつくって海外に売れる優れた技術や商品を数多くそろえる。それが持続的な成長や繁栄に欠かせない要件である[11]。

しかし、輸出主導型の経済成長路線は、リーマン・ショックの直撃を受けて、変動が激しく不安定性を増すグローバル経済に依存することのリスクの大きさを露呈しただけではない。日本の製造業企業は、これまで高い技術および非正規雇用の利用による人件費削減によって海外の企業と競争してきた。しかし、いまでは、自動車は別としてパナソニックなど電機の代表的企業が苦境に陥っているように、新興国企業の追い上げを受けてグローバル市場での価格競争力を失いつつある。

その結果、最近の円安で輸出向け企業の利益は大幅に増えているが、輸出量は伸びていない。むしろ、海外への生産拠点の移転（現地生産）がいっそう進み、国内の工場の縮小・閉鎖が続いている。輸出主導型の経済は、もはや国内での雇用創出力を失いつつある。

輸出の伸び悩みに加えて、円安によって輸入エネルギーの価格が高騰し、貿易収支の赤字が大幅に拡大している。貿易収支は二〇一一年から三年連続で赤字となり、赤字額も一三年には一〇兆円を越え、経常収支の黒字額は三・三兆円と一九八五年以来最小になった。輸入資源に依存する経済のあり方も、今後は資源価格の世界的な高騰が予想されるなかで限界に近づいている。

グローバル経済に対抗するローカル経済

そこで、もうひとつの道、地域内循環型経済を基盤にして脱成長に向かうという構想が脚光を浴びつつある。

人口減少の時代には、人的資源と地域資源を大事にし有効に生かすような経済のあり方を構想することが求められる。

そのためには、若者や女性を低い賃金・低いスキルの非正規雇用労働者として使い捨てる従来の成長路線にサヨナラすべきだ。一人ひとりが自分の仕事を通して経験を積み知識や技能を蓄積する。同時に、さまざまな仕事に携わって多様な能力を発揮する。例えば「半農半X」の働き方である。

そして、生活できるだけの最低水準の賃金や報酬を保障する。さらに、社会的に欠かせない仕事（介護や農業）には、それに見合うだけの賃金を払う。

同時に、エネルギーでも食でも、輸入資源に全面的に頼る経済から転換しなければならない。地域に豊富に存在する森林、水、風、太陽光などの資源を最大限有効に使うことが求められる。

この二つのことを可能にするのは、モノと仕事とお金が地域内で回る地域内循環型経済である。ローカル経済あるいはコミュニティ経済と呼んでもよい。具体的には、エネルギーや食べ物の地域自給が進む、住民の医療・介護や子育て支援へのニーズを充たすケア事業が地域で飛躍的に拡大する。

再生可能エネルギー、農業と食、ケアの事業は、地域において若者や女性に雇用と仕事を提供する。地方では、製造業の海外移転にともなう工場の撤退・閉鎖で雇用が失われてきたが、これらの事業は、公共事業の復活ではない形で働く場を提供できる。多くの原発立地は、安全性への不安を抱えながらも雇用の場を原発に求めてきた。しかし、原発関連の雇用は八万人にすぎない。小野善康は、脱原発を進めて再生可能エネルギーに置き換えていけば、五九万人の雇用が新しく生まれると試算している(12)。

再生可能エネルギーの事業は、地域に豊かに存在する固有の資源に依存する。農業は、地域の自然環境や風土に応じた営みであり、最近ではその土地で育ち食するものが高い価値をもつ。ケアの事業は地域で暮らす住民を対象にし、その固有のニーズを満たすものとなる。地域内循環型経済はコミュニティの力を再生して、人口減少が進むなかで豊かに生きる地域社会の新しいあり方を創造する。

そして、地域内循環型経済は、地場産業の中小零細企業、農家、自営業者、地元の商店、協同組合、ＮＰＯ、地方の銀行・信用金庫・信用組合など多様な主体によって担われる。これまでの地域経済は、グローバル企業の下請け部品工場、メガバンクの支店、原発がその中心に座り、結局は東京にある本社の意向や経営計画に振り回されてきた。東京に従属した地域経済のあり方とは根本的に異なる、自立した地域経済のあり方がこれからは可能になる。

しかし、グローバル経済に対抗して構築されるローカル経済は、けっして閉鎖的なものではない。それは外国人労働者や移民を積極的に迎え入れ、彼ら／彼女らを労働力としてよりもまずは対等な市民として処遇する。あるいは、徳島県神山町のように、最先端のＩＴ企業を山奥に招いてサテライトオフィスを開設させる試みも進める。

さらに言えば、高い技術を活かした高付加価値のブランド製品を作り、これを海外に輸出していく努力を積極的に推進する必要がある。日本の製造業には高品質の部品などに蓄積されている優れた技術があり、これを活かした製品やサービスの開発が求められる（たとえば介護の分野で）。こうした高付加価値の製品の生産と輸出は、経済全体の基軸にはならないとしても、重要な役割を果たす。

広井良典は、価格競争によるグローバル化への対応（〝貿易立国〟神話）に代わるものとして、「ローカル化戦略」と「付加価値戦略」を提起している。的確な提案である。

ありうる戦略は、以下の二つのいずれかだろう。①付加価値戦略／低価格、つまり〝安い〟ということではない点で競争力をもつような製品やサービスを開発すること　②ローカル化戦略／むしろ地域（ないし国内）において循環するような製品やサービスを重視していくこと。もちろん、①と②は複層的であり、たとえば地域固有の伝統技術などをブランド化していくことが国際競争力につながるといったケースは当然ありうる。[13]

「里山資本主義」――自立・半自給・互助の仕組みの課題

再生可能エネルギーによるエネルギーの地域自給のモデルを紹介して一躍有名になったのは、『里山資本主義』である。[14]

この本で最初に紹介されている事例は、岡山県真庭市の豊富な森林資源を活かした木質バイオマス発電とペレットボイラー・ストーブである。この地域では、エネルギー消費量の一一％を木のエネルギーで賄っている。また、チップ加工工場やバイオマス発電会社の創設によって新たな雇用を創出している。これをもっと大規模に実践しているのが、脱原発を憲法で謳っているオーストリアである。付け加えると、スキーで有名な北海道下川町でも、同じように木質バイオマスによる発電と熱の供給の実験が取り組まれている。

藻谷浩介によれば、里山資本主義は「外部への資源依存を断ち切ることで実現する」経済である。それは「マネー資本主義のサブシステム（バックアップシステム）」、「リスクヘッジ」の仕組みである。

「里山資本主義」とは、お金がすべてを決するという前提で構築された「マネー資本主義」の経済システムの横に、こっそりと、お金に依存しないサブシステムを再構築していこうという考え方だ。

里山資本主義こそ、お金が機能しなくなっても水と食料と燃料を手にし続けるための、究極のバックアップシステムである。[15]

同時に、里山資本主義は、その「根底に、マネー資本主義の根幹に逆らうような原理が流れている」アンチテーゼでもある、とされる。「貨幣を介した等価交換」に対する「貨幣換算できない物々交換」の復権、「規模の利益」への抵抗、分業の原理への異議申し立て[16]というアンチテーゼである。

里山資本主義は、地域のなかで資源と仕事とお金が回る経済のモデル、地域の自立・半自給の仕組みである。それは、藻谷が言うように「マネー資本主義のサブシステム（バックアップシステム）」、いわば緊急避難の仕組みとして作られる。

経済全体が大きな危機に見舞われ人びとの生活や雇用が破壊されるとき、人びとは生存を維持するために自立・半自給・互助の仕組みを考案し、そこに緊急避難する。たとえば地域通貨も、世界大恐慌後の一九三〇年代にオーストリアのヴェルグルなど多くの国の地域で生まれた。アルゼンチンではデフォルトに陥った二〇〇一年の危機のときに、労働者が協同組合を作って、倒産した企業を自分たちで運営した。最近では、財政破たんに見舞われ緊縮政策を押しつけられたギリシャで、市民が閉鎖されたアテネの植物園で野菜を作って、人びとに配給した。「里山資本主義」も、人口流出が止まらず地域社会の存立が危ういという危機的状況に直面するなかから生まれてきた。

しかし、このことは、危機が去り支配的な経済システムが復活すると、緊急避難的な仕組みに頼る必要が薄れ、こうした仕組みが姿を消していくことを意味する。現に、多くの地域通貨の実験は、そのような衰退の道を辿った。

そこで、全体的な経済システムが安定性を取り戻しても、自立・半自給・助け合いの経済的仕組みが消滅しないで、対抗的な仕組みとして持続していくためには何が必要かということが問われる。たとえばエネルギーの地域自給や互助の仕組みが、地方自治体の支援を受けたり法人化されるといった形で制度化されることは、そのひとつの要件である。しかし、制度化は、国家の規制を受けたり市場競争に巻きこまれるという経路で、支配的な経済システムの補完物に組み込まれていく危険性と背中合わせでもある。

藻谷によれば、「里山資本主義」はマネー資本主義に対抗するオルタナティブという役割を果たしうる。すなわち、現在のグローバル資本主義のシステムに対抗し、これをあちこちから少しずつ食い破っていく（蚕食していく）足がかりになる。そのためには、制度化の力を借りて持続性を獲得すると同時に、横のネットワーク、国境を越えたネットワークを形成することが必要不可欠であろう。

もうひとつの課題は、自立・半自給・互助の仕組みは、大都市でも成り立つことができるのか、という問題である。藻谷は、里山資本主義は過疎地域という特定の条件の下で成立すると言う。

里山資本主義は誰でもどこでも十二分に実践できるわけではない。マネー資本主義の下では条件不利とみなされてきた過疎地域こそ、つまり人口当たりの自然エネルギー量が大きく、前近代からの資産が不稼働のまま残されている地域にこそ、より大きな可能性がある。(17)

大都市でも、高齢者が半数以上を占めてコミュニティの機能が維持できなくなっている「限界集落」は、近郊の大団地にも現われている。ひとり暮らしの高齢者を孤立させないように新しいコミュニティや助け合いの仕組みを創ることは、切実な課題となっている。

では、大都市にとって固有の地域資源とは何か。大都市は人材は豊富だが、もともと自給もできないとも言える。だが、都市農業や家庭菜園や市民農園が盛んになれば、野菜などを中心に食の自給にある程度近づくことは夢ではない。家庭での太陽光の発電や熱供給への利用など、多様な工夫が広がっている。こうした小さいが確かな実験を育て上げながら、大都市のあり方の抜本的な改革を構想していくことが課題である。

Ⅴ　脱成長経済の下での税のあり方

税の投入は減る？

脱成長社会を魅力的かつリアリティのあるものとして構想していく上で、まだ十分に議論がされていない論点も多い。そのひとつが、脱成長あるいはゼロ成長の下で社会保障を維持するための財源をどのように確保するのか、脱成長経済にふさわしい税制とはどのようなものか、という問題である。

脱成長の下では、新規の大型公共事業投資（人口減少が進むなかでの高速道路や新幹線やダムの建設は、ムダそのもの）や軍事費は、バッサリ切られる。だが、税の投入を増やすべき分野もある。例えば最低生活保障を、ベーシック・インカムあるいは給付付き税額控除といった形態で拡充することが必要とされる。また、次のようなケースも考えられる。

脱成長経済では、その中心は環境・再生可能エネルギー、農と食、医療・介護・子育て・教育サービスといった分野に移る。これらの分野は多くの人手を必要とするから、多くの雇用や仕事を創る効果が大きい。しかし、あまりにも賃金や報酬が低すぎて、若者が就労できないという問題を抱えている。

農家（主業農家）の農業所得は年平均四七五万円（二〇一一年）で、二人で働いているとして一人当たり二三八万円、月二〇万円に満たない。介護の分野では、その平均賃金（男女計）は、福祉施設の介護スタッフが月二一・五万円、ホームヘルパーが二一・一万円である（二〇一〇年）。労働者全体の平均賃金三二・三万円の三分の二しかない。

こうした賃金の低さは、生産性の低さから説明されるが、それだけではない。例えば介護の仕事は、女性による家事労働の延長線上にある仕事にすぎないと、社会的に低く評価されていることが大きな原因である。だが、介護は知識や技能、経験を必要とする労働であり、もっと高い対価（賃金）が支払われる必要がある。人手を要する仕事だから、いわゆる生産性の上昇に限界があるのは当然のことだ。

生産性が低くてもその仕事が社会的に必要不可欠で意味のあるものであれば、それに見合う高い賃金を支払わなければならない。その場合、企業がそれだけの賃金を支払いきれないとすれば、そして賃金引き上げ分をサービス価格に転化できない（低所得者が負担できる範囲に抑える必要がある）とすれば、より多額の税金を投入して社会的に支えることが必要になる。

どの税を増やすか

経済成長の信奉者から言わせれば、ゼロ成長では税収は確保できない、経済が成長すれば自然に税収は増える、ということになる。アベノミクスは、この論理に依拠している。しかし、財政再建を謳って消費税率を引き上げながら、法人税率を大幅に下げるその政策は矛盾に満ちており、GDP成長率が上がっても税収が伸びない事態に行き着くだろう。

脱成長論者のなかでは、税制のあり方についての議論はまだひじょうに弱い。そのなかで、広井良典は、財源として消費税がふさわしいと主張している。

高い福祉を願うなら、高い負担も絶対に必要です。……消費税が一番それにふさわしい。私は所得税の累進性を高めることにも賛成です。ただ、それだけでは、全然足りない。財源として重要なのは消費税、相続税、環境税の三つと考えていますが、財源として大きいのはやはり消費税です(18)。

脱成長経済の下では、たしかに労働者の賃金や企業の利益は増えず、所得税や法人税に頼ることには限界がある。金融所得や資産に対する課税の強化が最優先されるべきだが、消費税の役割も重要になる。

消費税は負担の世代間公平性（現役世代だけではなく子どもから高齢者まですべての世代が負担する）という長所をもつが、低所得者に負担がより重くなるという逆進性の欠陥がある。その点で、増税をもっぱら消費税率引き上げに求める政策、ましてや消費増税と引き換えに法人税減税を行なう政策は、公正に反する。グローバル市場競争のなかでは法人税率引き下げは不可避だという主張も多いが、グローバル・タクスの強化という視点で考える必要がある。

脱成長の下での税のあり方について、私の粗削りな提案は次のようなものである[19]。

（1）所得税の累進性を強化し、法人税の課税ベースを拡大する。ただし、経済が拡大・成長しない条件の下では、そうした措置をとっても所得税や法人税の税収が増え続けることは、それほど期待できない。

（2）株取引などによる金融所得への課税、金融資産や不動産への資産課税、相続税を抜本的に強化する必要が増す。

（3）グローバル・タクスの強化（金融取引税の導入、法人税率の引き下げ競争の国際的規制、タクスヘイブンの閉鎖など）が、ひじょうに重要になる。

（4）環境税を強化する。ただし、税収額では大きくない。

（5）その上で、消費税の役割を高める、つまり逆進性の緩和・是正措置を導入しながら税率を引き上げることが必要になってくる。

Ⅵ　宿題として

脱成長を提唱する最近の議論を追いかけてきて気づくのは、地域レベルで脱成長社会のモデルとなる実践的試みやその理論化が確実に進んでいる反面、世界的な視野で脱成長を論じる議論が手薄なことである。代表的な論客であるラトゥーシュの議論にも、その弱さが感じられる。

経済が成熟した先進国では脱成長（ゼロ成長、定常経済）への転換は避けられないという考え方は、説得力を発揮しつつある。しかし、中国やインドなどの新興国や発展途上国では経済成長がさらに続き、それに牽引されて世界大での資本主義の成長はこれからも可能ではないかという見方が有力である。

しかし、新興国や途上国の成長に頼る世界資本主義の経済成長は、環境という根本的な制約から免れることができない。そして、その成長は、いぜんとして金融資本主義化と不可分一体であるから、過剰なマネーの運動が引き起こすバブルとその崩壊を繰り返し、ますます不安定さを増すだろう。

世界大の資本主義の成長が可能だという見方に真っ向から異を唱え、資本主義の終わりと脱成長の必然性を論じたのは、水野和夫である。[20] この提起は、脱成長論に大きな宿題を投げかけている。水野の議論については、機会をあらためて論じてみたい。

註

1　大竹文雄「研究進む『幸福の経済学』」（日本経済新聞二〇一〇年五月三日「経済教室」）
2　荻上チキ『僕らはいつまで「ダメ出し社会」を続けるのか』（幻冬舎新書、二〇一二年）
3　小峰隆夫「脱成長論を考える（上）」（日経ビジネスONLINE二〇一一年四月五日号）
4　セルジェ・ラトゥーシュ『脱成長は世界を変えられるか？』（中野佳裕訳、作品社、二〇一〇年）
5　橘木俊詔『「幸せ」の経済学』（岩波全書、二〇一三年）
6　高坂　勝『減速して生きる』（幻冬舎、二〇一〇年）
7　ラトゥーシュ『脱成長のとき』（佐藤直樹・佐藤薫訳、未来社、二〇一四年）
8　高橋伸彰×水野和夫『アベノミクスは何をもたらすか』（岩波書店、二〇一三年）
9　ラトゥーシュ『脱成長は世界を変えられるか？』
10　三里塚芝山連合空港反対同盟『児孫のために自由を律す――農的価値の復権を』（一九九三年）
11　日本経済新聞二〇一四年五月六日社説
12　小野善康『エネルギー転換の雇用効果』（岩波ブックレット、二〇一三年）
13　広井『人口減少社会という希望』（朝日選書、二〇一三年）
14　藻谷浩介／NHK広島取材班『里山資本主義』（角川oneテーマ21、二〇一三年）
15　前掲
16　前掲
17　前掲
18　広井良典×橘木俊詔『「脱成長」戦略』（岩波書店、二〇一三年）
19　税の問題については、拙稿「消費増税とアベノミクスのアキレス腱」（上）（「テオリア」第一八号、二〇一四年三月一〇日）を参照されたい。

20　水野和夫『資本主義の終焉と歴史の危機』（集英社新書、二〇一四年）

（書き下ろし）

【コラム】

経済成長なき時代への予感――「長期停滞」論と「資本主義の終焉」論

「長期停滞」論の登場

リーマン・ショックから六年が経った。先進諸国の経済はどん底から回復してきたが、その足取りは重い。ギリシャの債務危機の痛手を被ったユーロ圏だけではない。日本では、アベノミクスによる景気回復が表層的なものでしかないこと（株高になり円安によって輸出向け企業が高収益を上げているのとは対照的に、物価上昇に賃上げが追いつかず実質所得が低落している）が、次第に明らかになりつつある。米国は失業率が改善し量的金融緩和政策の解除（「出口」戦略）に向けて動いているが、景気回復には勢いが欠けている。ＩＭＦによれば、二〇一四年の成長率の見通しは米国一・七％、日本一・六％、ドイツ一・九％、フランス〇・七％などと、いずれも一％台にとどまっている。

こうした状況を背景に、米国では元財務長官のローレンス・サマーズ（ハーバード大）が唱えた「長期停滞」論が大きな話題を呼んでいる。これは、大づかみに言うと次のような主張である。[1] すなわち、先進国では無制限に近い金融緩和によって長期金利がいちじるしく低下しているにもかかわらず、企業の投資活動が不活発なままである。実質金利が低下するなかで投資率（ＧＤＰに占める総固定資本形成の割合）が低くなっているが、このことは投資の期待収益率が低下していることを意味する。いいかえると、実体経済において高い利益を見込める有望な投資機会が乏しくなっているために、投資が減退している。その結果、経済が長期間にわたって低成長に陥らざるをえなくなっている、と。

「長期停滞」の理由のひとつは、設備投資や消費支出といった需要の不足からくるデフレギャップ（供給過剰）の存在だとされる。サマーズによれば、米国経済は二〇〇九年以降、潜在的な成長率を大きく下回って推移している。しかも、この低成長でさえも、量的金融緩和による超低金利を続けることでようやく実現できた。ただし、需要不足に起因する長期停滞は、政府の政策的な対応によって克服可能である。その最も有効な手段は、インフラの更新・補強など社会資本整備のための財政出動である、と。だが、公共事業のための財政出動が一時的な効果しかない処方箋であることは実証済みであり、そのかぎりではこの議論は陳腐な議論である。

ただし、面白いのは、デフレギャップを生む要因のひとつとして、富の集中と所得格差の拡大が指摘されていることである。米国では、トマ・ピケティの『21世紀の資本論』が大きな関心を集めていると言われるが、資産価格バブル（リーマン・ショックに行き着いた住宅バブル）のなかで富裕層への所得の集中がいっそう進んできた。低所得者層は消費性向が高いが、お金持ちは消費性向が低くその所得の多くを貯蓄に向ける。したがって、所得が富裕層に集中すれば、それだけ消費支出に回るお金は減り、需要不足を加速することになる、と。

所得分配の不平等化という社会構造が「長期停滞」の原因のひとつであるとすれば、先進国経済がそこから抜け出すことは、かなり難しいということになる。日本を含めて、「格差拡大が経済成長を妨げる」[2]という見方が広がりつつある。格差是正の政策によって経済成長を促すという発想には私は立たないが、この見方は、金融化と非正規雇用の拡大によって経済成長を追い求めるしかない現代の資本主義への批判としては痛いところを突いている。

長期停滞の理由は、潜在成長率自体の低下にあるという考え方もある。潜在成長率は、労働力・資本・生産性（全要素生産性）をフルに活用して達成できると推定される成長率のことである。米国の現実のGDP成長率が潜在成長率を下回り続けているのは、実は潜在成長率そのものが想定よりも低い水準にあるからだという見方も成り立つ。サマーズはそうした見方もしている。潜在成長率の低下は、供給面から経済成長を制約する。十分な成長が望めず期待収益率が下がれば、企業の投資が手控えられるのは、当然のことだ。潜在成長率の低下は、労働力人口の増加率と生産性の伸びが鈍化していることに起因している。後者は、画期的なイノベーションが起こっていないことが大きい、とされている。

先進国の超低金利水準

繰り返すと、低成長から抜け出せない「長期停滞」は、実質金利が低下しているにもかかわらず、企業の投資活動が停滞している状態が続くことを指す。その象徴的な出来事は、先進国の長期金利の低下傾向である。景気が回復してくれれば資金需要が高まるから、長期金利が上昇するはずなのに、むしろ低下している。

昨年から今年にかけて、米国の長期金利（一〇年物国債の利回り）は二%台半ばに下がり、ドイツのそれは二%を切って一%に、日本のそれは〇・五%に近づいている。また、G7の中央銀行の政策金利の合計値は、リーマン・ショック前には約二〇%であったが、二〇〇九年以降五%を切りつづけ、直近では（一四年九月）一・八%という驚くべき低さになっている。[3] 米国が量的金融緩和を解除し政策金利の引き上げに転じるとしても、その引き上げ幅はきわめて限定され、低金利が続くだろうと予想される。

その基底には、自然利子率（完全雇用の下で投資と貯蓄の一致をもたらす均衡実質金利）の低下がある、と考えられる。これは、潜在成長率の低下によって投資が減退・不足することが主たる要因である。また、所得分配の不平等化によって消費性向の低い富裕層に所得が集中して貯蓄の増加が生じることも低下の一因になる。

サマーズは、米国では自然利子率は、想定されていたものよりも低下していて、マイナスになっているという仮説を出している。実際の実質金利（名目金利マイナス予想インフレ率）が自然利子率を上回ると、投資にブレーキをかけることになる。したがって、自然利子率が低下している場合は、実質金利が下がるように名目金利を低くする必要がある。こうしたことが長期金利のいちじるしい低下の背後で働いていると考えられる。

超低金利が続いていることは、ゼロ金利の下での量的金融緩和が資産価格の押し上げには貢献しても実体経済の本格的な回復には効果を発揮していないことに見られるように、金融政策の限界を示している。無制限に金融緩和を続けることは、あり余る資金が株式や不動産の市場に流れ込んでバブルを引き起こす可能性を強めるだけである。

成長できないのでは？　という不安──「長期停滞」論の受け止め方

日本では、米国で注目されている「長期停滞」論は、どのように受け止められているか。

代表的なものは、日本経済新聞の社説「経済の長期停滞論を越えて」[4]であろう。社説は、「長期停滞論が示すのは、先進国が成長を続けていくことが容易ではなくなっているという厳しい現実だ」と述べている。日本をはじめ先進国はもはや成長できないのではないかという不安や恐れが、正直に表明されている。そして、その予感は的中するだろう。先進国は経済成長の時代が終わり、ゼロ成長あるいはせいぜい成長率一％という低成長の時代に避けがたく入っているからである。

日本では、「長期停滞」論は、需要不足によるデフレギャップの面よりも、供給面からの潜在成長率の低下という面で受け止められている。「日本の場合、デフレギャップ拡大による長期停滞論よりも、潜在成長率の低迷こそが大きな懸念材料となっている」[5]。「日本は財政支出と金融緩和によって需要不足が解消しつつあるように見える。しかし、最近見えてきたのは供給能力の限界、つまり潜在成長率の低さである」[6]。

日本の潜在成長率は、一九八一〜九〇年には四・四％であったが、二〇〇一〜一〇年には〇・八％に低下している（内閣府一四年二月）。ＩＭＦや民間調査機関は、二〇一一〜二〇年も一％を切ると予測している。その根拠は、いうまでもなく少子高齢化をともなう急激な人口減少である。生産年齢人口の急減は、労働力の供給を根本的に制約し、潜在成長率を低下させる。また、生産性の伸びも鈍くなっている。

そこで、長期停滞に陥ることを避け経済成長を復活させるためには、潜在成長率を高めることが最重要であると主張される。「悲観論に陥ることなく、潜在的な成長力を少しでも高めるような地道な改革を持続的に推し進める。その覚悟があるかどうかが日米欧には問われている」(7)。「先進国に求められるのは、潜在成長率の低さを克服する、抜本的な対策ということになる」(8)。

そのためには、まず労働力人口の急減を緩和するための女性活用策(および外国人労働者の受け入れ拡大策)が必要になるが、それだけでは限界がある。鍵となるのは、生産性を上昇させる方策である。「画期的なイノベーションにつながる投資を促すことも含め、生産性を高める政策を打ち出すことの重要性が高まっている」(9)。そこで、教育や職業訓練によって高度な知識や技能をもつ人材を育成し、これを生産性の低い部門から高い部門に移動させる。また画期的な新製品や技術やビジネスモデルを生むイノベーションを実現する、といった方策が提案される。しかし、前者は、生産性の高い部門は雇用吸収力が小さいというジレンマを抱える(第I部第1章)。後者の可能性は否定できないが、いまのところ期待や願望の域を越えていない。

このように、長期停滞=低成長を危惧する人たちは、潜在成長力そのものを高める重要性を主張する。したがって、こぞってアベノミクスの「成長戦略」に期待をかけることになる。だが、このことは、異次元の金融緩和と財政出動に頼り続けるアベノミクスへの強い不満と失望の裏返しでもある。アベノミクスの賞味期限が切れつつあることを表わしていて、面白い。

「資本主義の終焉」論

もはや経済成長ができないのではないかという不安や恐れに対して、成長は不可能である、つまり資本主義は終わりに近づいていると明言するのは、水野和夫である。

日本を筆頭にアメリカやユーロ圏でも政策金利はおおむねゼロ、一〇年国債利回りも超低金利となり、いよいよ資本の自己増殖が不可能になってきている。つまり、「物理的・物的空間（実物投資空間）」からも「電子・金融空間」からも利潤をあげることができなくなっているのです。資本主義を資本が自己増殖するプロセスであると捉えれば、そのプロセスである資本主義が終わりに近づきつつあることがわかります。[10]

資本の自己増殖、すなわち成長こそが資本主義の本性であるとすれば、もはや成長できない資本主義は、資本主義とは言えない。その意味で、資本主義は終焉＝「死」を迎えつつある、というわけである。

「長期停滞」論と同じく、水野が注目するのも、先進国の長期金利や政策金利の異常な低下である。水野は、これを「二一世紀の利子率革命」と呼んでいる。これは「利潤を得られる投資機会がもはやなくなったことを意味しています。なぜなら利子率とは、長期的に見れば実物投資の利潤率を表わすからです」。

しかし、水野は、同じ超低金利に注目した「長期停滞」論を二つの理由で批判している。

一つは、長期停滞の原因を「需要不足」に見出せば、「処方箋として提出されるべきは『ケインズに帰れ』となります。つまり積極財政によって国内で需要を創出すれば、経済はもち直すだろうというわけです」。「しかし、グローバル資本主義のもとでは、ある国家の内側での需要創出を狙うケインズ政策も、付け焼刃の処方箋にしかなりません」。このかぎりで、水野の批判は当たっている。ただし、長期停滞論は、労働力供給の不足に起因する潜在成長率の低下の議論に見られるように、先進国が成長する力自体を失いつつあることを問題にしている。その点では、脱成長論と重なり合う点がある、と私には思われる。

水野のもうひとつの批判は、「資本主義が生き延びるという前提で説かれる『長期停滞論』にも決別しなければならない時期にさしかかっている」ということである。水野の「資本主義の終焉」の最大の根拠は、資本主義にとっての「周辺」あるいは「フロンティア」が失われたということにある。

この問題についてはより掘り下げた慎重な検討が必要だと、私は考える。中国やインドなどの新興国が、その内部で巨大な市場化を推進しつづける可能性はあるからである(第Ⅰ部第3章)。また、最近では膨張する「緩和マネー」が再び高利回りの証券化商品に流れこんでいるが、資本主義がさらなる金融化によって延命する可能性もある。もちろん、新興国や発展途上国の経済成長は、環境・資源の制約と衝突するであろうし、社会内部で拡大する格差や軋轢の解決という難問にぶつかる。金融資本主義化による繁栄は、バブルの出現とその崩壊を周期的に繰り返し、経済全体が極度に不安定化するという症状を伴う。

どんな方法でもよいから貪欲に利益を稼ぎ自己増殖するという意味では、グローバルな次元で資本主義が成長を続ける可能性は否定できない。もちろん、その成長は環境と人間を壊し、投機とバブルを横行させる不安定なものでしかないが。成長なき資本主義、つまり非資本主義的な社会システムへの移行と転換は、多様な形での脱成長の対抗社会とそのネットワークを創出していく主体的営みの上にはじめて可能となるだろう。

註

1 サマーズの「長期停滞」論については、福田慎一、池尾和人、岡崎哲二の「長期停滞説を考える」の論稿（日本経済新聞「経済教室」二〇一四年七月一四、一五、一六日）が参考になる。
2 東京新聞二〇一四年九月七日「週のはじめに考える」
3 上野泰也「成長への弾みがつかない世界経済」（「日経ビジネスONLINE」二〇一四年九月九日）
4 「経済の長期停滞論を越えて」（日本経済新聞二〇一四年九月一五日社説）
5 福田慎一「長期停滞論　先進国が直面する避けがたい限界」（『週刊エコノミスト』二〇一四年八月一九日号）
6 柳川範之「供給能力の天井克服を」（日本経済新聞二〇一四年七月二三日「経済教室」）
7 「経済の長期停滞論を越えて」、前掲
8 柳川、前掲
9 「経済の長期停滞論を越えて」、前掲
10 水野和夫『資本主義の終焉と歴史の危機』（集英社新書、二〇一四年）

第3章　何が論点か——脱成長の経済をめぐって

1　はじめに——脱成長経済とは

リーマン・ショックから三年あまり（二〇一一年一月現在）、世界経済は未曽有の危機から抜け出し、再び成長軌道に乗りつつあるかに見える。先進国がいぜんとしてデフレのなかで喘いでいるのを尻目に、中国をはじめ新興国がいち早く高い経済成長をとり戻したことがその最大の要因である。だが、再びマネー（ドル）が危機前の二倍にも膨れあがって世界を駆けめぐり、新興国に流れこんでバブルを引き起こしている。それは、いつ破裂してもおかしくない。

中国や韓国と対照的に停滞の続く日本だが、ここに来て経済成長主義のイデオロギーが勢いを増している。いわく、日本の経済的地位を低下させた「失われた二〇年」から脱出し、経済成長を回復して元気を取りもどそう。成長のためには海外市場＝外需に依存するしかない。そのためには「国を開き」、TPPに参加すべきである[1]、と。

二〇〇八年の世界金融危機は、これまでの経済のあり方に根本的な転換を迫った歴史的な出来事であった。にもかかわらず、相変わらずの経済成長の神話が持ち出され、それも海外市場＝輸出主導型の経済成長という色褪せたビジョンが声高に叫ばれている。別の道があるはずだ——脱成長の経済というオルタナティブな道が。

脱成長の経済とは何か。ＧＤＰの指標ではゼロ成長あるいはマイナス成長になるが、自由な時間・環境の保全・公正・他者とのつながりといった別の指標ではプラスの発展をするような経済のあり方である。大事なことは、経済成長を社会の最優先価値にしたり経済政策の目的にするあり方から脱却することであり、ゼロ成長やマイナス成長それ自体を目的にするわけでない。別の指標での豊かさの追求（たとえば自由な時間の増大のための労働時間の大幅な短縮）が結果としてＧＤＰの定常化あるいは縮小をもたらすのである。

脱成長経済の骨格については、ちょうど一年前に私なりに次のように提起した。(2)

(1)「緑の経済」：経済活動の基本を自然生態系の循環のなかに組み入れ直す／自動車・電機製品の輸出と引き換えに大量の資源・食糧・日用品を安く輸入する経済構造を転換する。"地産・地消"をモデルに地域農業の再生を基礎にしてモノ・ヒト・カネが地域内で循環する経済を構築する。分散型自給エネルギーや環境保全の事業を発展させ、同時に介護や医療や教育などの対人サービスの拡充を柱にして産業構造を組み替える。農業・林業（加工を含む）、エネルギーと環境、ケア・医療・教育の分野で新しく多くの雇用を創出する。

(2)「脱成長」：経済成長を目標にしない／労働時間を抜本的に短縮し（たとえば週三日労働、年一三〇〇時間労働）、ワークシェアリングによって失業をなくす。働きたいすべての人には、人間らしい働き方のできる雇用の機会を保障する。労働時間の短縮によってスローな生活（ゆったりした暮らし方）を創造すると同時に、市場を経由しない（お金で評価できない）活動やサービスを活発に広げる。

（３）「公正な社会」：所得の公正な分配と税の公平な高負担を行なう／富裕層への累進課税の強化によって所得再配分を強化する。軍事費を大幅に削減する。税の公平な「高負担」を実現する（累進所得税・相続税・金融課税の強化、大企業優遇税制の廃止、環境税の創設と社会保障への充当、逆進性の解消を前提にした消費税率の引き上げなど）。「ベーシック・インカム」の導入による一元的な生活保障の仕組みを確立すると同時に、医療・介護・子育て・教育・住まいについての現物サービスを公共サービスとして十分に提供する。とりあえず格差是正と貧困解消の方策として、給付付き税額控除を導入する。

（４）「反グローバル化・脱マネー」：グローバリゼーションと対抗し金融活動を経済のなかに埋め戻す／農産物輸入の自由化および国境を越えるマネーの自由な移動（金融と資本取引の自由化）を根本的に制限する新しい国際ルールを作る。金融機関に集まる資金を高リスクの投資に運用することを禁止し、地域経済向けの融資を優先させる。金融機関の得る利益を制限する（課税の強化など）。同時に、ヒトの国際的な移動と交流はできるだけ自由にし、外国人を対等な市民として処遇する制度や条件を確立する。発展途上国に対する援助のあり方を抜本的に変革する。

この一年、日本でも脱成長論がいろいろな人によって提唱され、議論が進みはじめている。そのなかで浮かび上がってきたいくつかの論点を取り上げてみたい。

2　脱成長経済への転換は必然的か――その三つの根拠

脱成長経済への転換が避けがたく必然的なことであると考えられる根拠は、三つある。第一は、日本に即していえば労働力人口の急速な減少である。第二は、先進国のレベルでの欲求の飽和あるいは変化である。第三は、世界的なレベルでの環境の危機および資源枯渇による制約である。

第一の根拠から、見てみよう。日本は人口減少社会に入っているが、これから労働力人口が急速に減少していく。少子高齢化の急速な進行に伴って生産年齢人口（一五〜六四歳）は、二〇〇八年の八二三〇万人から二〇五〇年には四九二九万人に減る見通しである。一五歳以上の人口の約六割が労働力人口（就業者＋失業者）であり、二〇〇八年には六六五〇万人だが、二〇五〇年までには一八〇〇万人近く減って四八六四万人になると推計されている。

労働力人口の減少は、労働時間が変わらないとすると、ある程度まで女性の就業率の上昇および生産性の上昇によってカバーできるが、それには限界がある。また、外国人労働者の大量の受け入れによってもカバーできるが、それも制約がある。したがって、労働力人口の急減は、経済（GDP）成長率をマイナスに向かわせる。GDPは、労働力人口、労働時間、生産性（さらに資本ストック）によって規定されるからである。[3]

第二の根拠として挙げられるのは、先進国における欲求の飽和あるいは変化ということである。経済成長がいつまでも続くという信念（信仰）や見通しの基礎にあるのは、人間の欲求は無限に膨張するという想定である。これに対して、ゼロ成長あるいは脱成長の経済への転換が必然的となる根拠として、先進国では「欲求の飽和」が起こりつつあるという見方が提起されている。[4]

現在、欲求の変化が起こっていることは確かである。たとえば若者のなかでクルマを買うことへの欲求が小さくなっている（買えないワーキングプアが増えていることもあるが）。「所有（持つこと）」よりも「使用（使うこと）」への欲求が強まっている。また、一九九〇年代以降の耐久消費財の新商品への欲求は、ケータイなどデジタル製品に限定されている。デジタル製品は、自動車に比べて「産業連関的波及効果に乏しい」から、経済成長率を押し上げる効果が少ない[5]。

しかし、先進国における欲求の変化のなかで最も重要な事柄は、人びとの欲求がモノ（耐久消費財）の大量消費に向かうよりも、他者とのコミュニケーションの再生（人と人の関係の再構築）に向かっていることにあると、私は考える。しかし、このことは、両義性を持つ。一方では、他者とのコミュニケーションを回復する活動は、市場を介さない活動の活発化として現われる。無償のセルフヘルプや助け合いの活動の広がりは、ＧＤＰの増大をもたらさず、脱成長経済につながる。他方では、サービス経済化によるＧＤＰの増大、すなわち経済成長の新しい要因にもなる。自分たちの手で行なっていた活動（料理や掃除をする、子育てする、夏休みの宿題を一緒にする、他人の悩みの相談に乗る、高齢者を見守る）が、どんどん商品化されて市場を介するサービスとして買い入れられている（外食・中食、家事代行や宿題代行のサービス、セラピー、警備会社の見守りサービスなど）。人と人のつながりを再生することへの欲求も、商品化されたサービスの購入という形で充たされるとすれば、それは経済成長に寄与することになる。

第三の根拠である環境や資源による制約については、どうか。地球温暖化に象徴される環境の危機は、化石燃料に依存する大量生産・大量消費・大量廃棄型の経済と生活が根本的な制約にぶつかったことを明らかにした。それは、ひたすら利便性や快適さを追い求める消費欲求の無制限の膨張とそれを充たす経済成長からの転換を迫るものである。

環境や資源による制約は、私たちに人びとの欲求の社会的なコントロールと規制という難しい課題を突き付ける。人びとの欲求を国家が統制したソ連型社会主義の失敗の経験を繰り返してはならないが、地球温暖化防止のためのCO_2排出の抜本的な削減は、自動車を乗り回し電気エネルギーを好きなだけ使う生活様式を根本的に変革することを必要とする。南北間の公平性の観点からして、先進国の一人当たりの自動車保有台数やエネルギー消費量が大幅に削減されるのは当然のことである。

環境や資源の制約からする欲求と消費の規制は、経済成長の大幅なスローダウンを招き、脱成長経済への移行を促進する。しかし、こうした規制は、環境保全や省資源のための技術や製品への新しい投資を喚起し、むしろ経済成長のテコになる可能性ももっている。「グリーン資本主義」論や「低炭素経済」論は、環境規制の強化による成長の持続を主張している（この問題にはあとで立ち帰る）。

このように考えると、欲求の飽和あるいは変化、環境の危機や資源枯渇による制約という第二、第三の条件は、脱成長経済への転換を必然的にもたらすとは必ずしもいえない。それらは、新しい形での経済成長を促進する条件ともなりうるからだ。脱成長経済への移行は、あくまでも政治的な選択の問題なのである。

3　脱成長経済と非市場領域の拡大

脱成長経済の重要な特徴の一つは、市場を経由しない活動や交換が飛躍的に拡大することである。いいかえると、人びとの欲求を充たす経済活動の規模は変わらないとしても、市場を経由する商品化された財やサービスの取引が縮小し、ＧＤＰで測られる富は増えなくなる。

経済成長とは、毎年のＧＤＰが前年のそれを上回って増え続けることである。ＧＤＰは毎年その国で生産や流通の活動（労働）を通じて新しく生み出される価値、すなわち付加価値の総額である。ＧＤＰは、所得（フロー）として分配される。つまり、固定資本の減価償却分を除いて雇用者所得と営業余剰（企業の利益）に分配される。重要なことは、あくまでも市場での取引を経由したものだけがＧＤＰとしてカウントされるという点である。人間の生命の維持や社会の存立にとって必要不可欠であっても、対価が支払われず市場で商品として取引されない活動は、付加価値を生む労働としては評価されない。無償の家事・子育て・介護の労働やコミュニティでの助け合いの活動や自家菜園での野菜の自給などは、ＧＤＰの増大に何の貢献もしない。

経済成長とは、無償の活動や交換が行われている非市場的な領域を次々に侵食し、市場での取引に包摂していく過程でもある。先に述べたように、人びとが自分の手で行なっていた活動が次々に商品化されて、お金で買うサービスに変わってきたのである。この市場化の過程は、まちがいなくＧＤＰの増大に貢献する。これに対して、脱成長経済は、再び無償の労働や助け合いの活動といった非市場領域を拡大するが、それは労働時間が短縮されて人びとが自由な時間を手に入れることによって可能となる。

このことは、富や豊かさを測る尺度＝指標が変わることを意味する。市場化が進み経済成長が競われる時代には、貨幣で表示されるＧＤＰ（付加価値）が普遍性をもつ唯一の尺度＝指標となってきた。だが、経済成長が個々人の生活の豊かさにはつながっていないという疑問が広がるにつれて、自由な時間、健康、自然環境の保全、公正、他者とのつながりといった指標がGDPと並んで、豊かさを測る不可欠の尺度として登場してきている。いまでは、さまざまの豊かさ指標が提唱され、GDP指標が相対化されつつある。

「幸福度」は、その一つである。ブータンの「国民総幸福度」GNH（Gross National Happiness）が有名だが、スティグリッツを長とする「経済パフォーマンスと社会の進歩の測定に関する委員会報告」（二〇〇九年九月）も、GDP指標の限界を指摘し、幸福度を測る客観的な指標と主観的な指標を新しく作ることを提唱している。すなわち、個々人の幸福を測る経済的指標として個人の所得や消費、公共サービスの質、非市場的活動（家事や余暇活動）などを重視する。同時に、生活の質を評価するために、生活の満足度、また健康・教育・個人の活動・政治的発言権・社会的つながり・環境などを含むケイパビリティ（潜在能力）を評価するべきだ、と。

日本でも、内閣府が「日本人の幸福度」は、一〇段階評価で六・五点であると発表した[6]。最高はデンマークの八・四、イギリスは七・四点、欧州二八カ国の平均は六・九点であった。これに関連して、大竹文雄は、日本では、一人当たりGDPの推移で所得水準は上昇しつづけ、二〇〇八年には一九六四年の三・九倍になっているが、生活満足度（「現在の生活に満足している」人の比率）は六〇〜七〇％で上昇傾向は見られない。とくに九〇年代半ば以降の低下が目立つ、と指摘している[7]。

「幸福度」という指標には難点（数値化不可能な要素の計測など）もあるが、それは明らかにGDPという尺度の一元的な支配を覆す役割を果たしている。日本でも、「国民純福祉」NNW（Net

National Welfare）という指標が一九七三年に創設されたことがある。これは、国内純生産（GDPマイナス減価償却）に余暇時間や家事労働を加え、公害や交通事故の損害を差し引くもので、一九七〇年度の国内純生産四八兆円に対してNNWは四四兆円となり、公害とその対策の分がGDPをかさ上げしていることを浮かび上がらせた。いま「幸福度」が注目を浴び、豊かさを測る指標が多元化していることは、脱成長経済への移行を準備する考え方が強まっていることを示している。

脱成長経済では市場経済の縮小と対照的に無償労働の拡大が起こるが、これについて危惧を抱く人もいる。たしかに、家事・育児・介護といった女性の無償労働は、生命の再生産にとって不可欠の労働でありながら、対価＝所得を得られない労働としてきわめて低く位置づけられてきた。市場化が社会を覆い、労働によって所得を稼ぐことが大原則とされてきたからである。しかし、労働と所得が分離され社会的に普遍的な生活保障システムが確立されるならば（たとえばベーシック・インカムの導入）、無償労働と有償労働（お金を稼ぐ労働）は対等な関係に変わる。労働を評価する基準が、高い報酬を得られるか否かから、労働への満足度や社会的必要性へと変わるだろう。

4　脱成長経済は税収の減少によって社会保障を縮小させないか

日本社会では少子高齢化が急速に進むと同時に、非正規雇用とワーキングプアの急増に見られるように企業に依存した雇用と生活の保障は崩壊している。したがって、政府による社会保障支出の増大、すなわち税による最低所得保障（生活保護給付の拡大、貧困者向けの給付付き税額控除の導入、普遍主義的なベーシック・インカムの導入）、また医療・介護・子育て・教育の分野での雇用

図４　所得税・法人税・消費税の税収（一般会計分）の推移

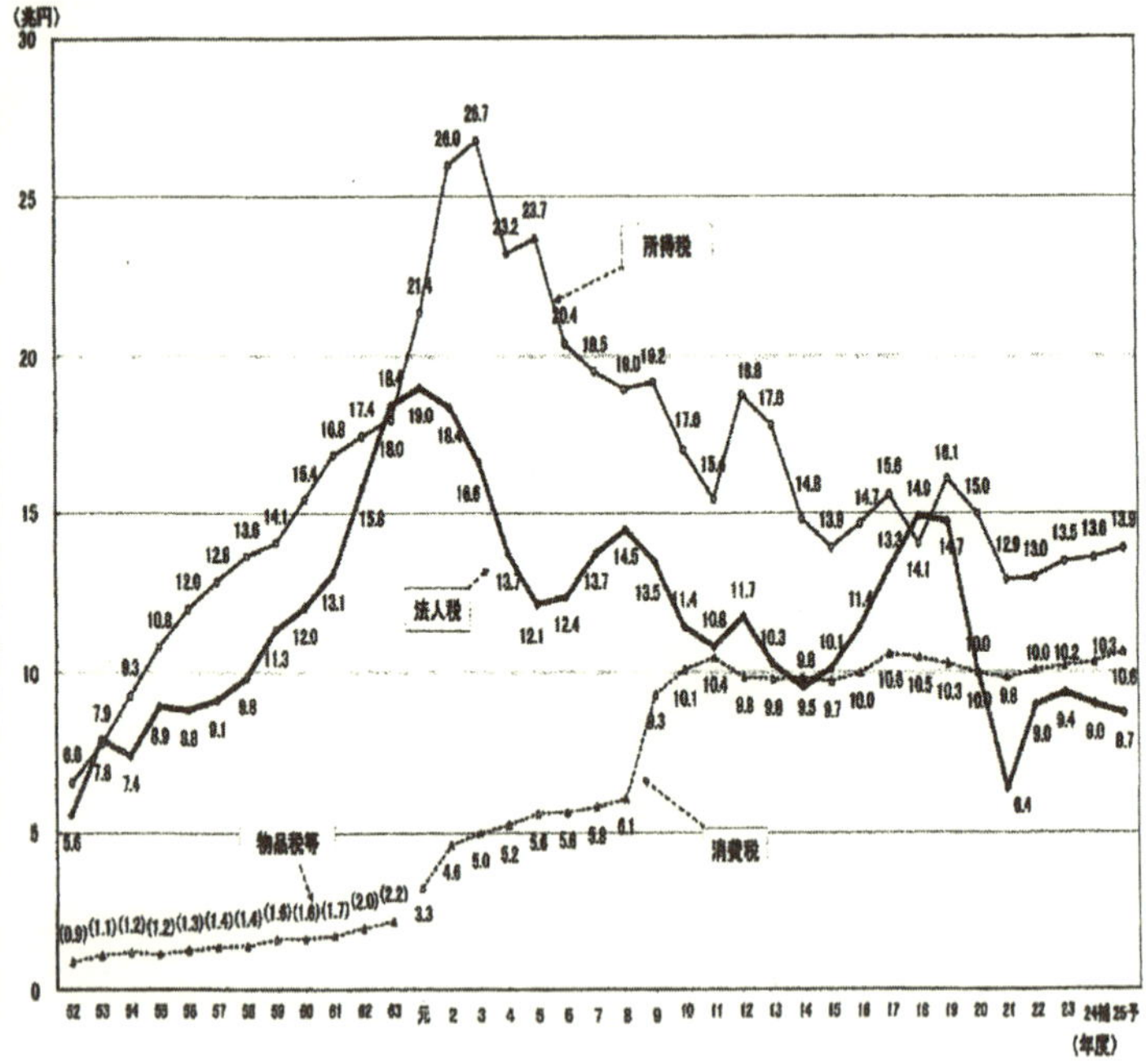

(注)23年度以前は決算額、24年度は補正後予算額、25年度は予算額である。

出典）財務省ＨＰ

創出のために財政支出を増やすことがますます必要になる。そこで、ゼロ成長あるいはマイナス成長によるＧＤＰの減少は税収を減少させ、財源の持続性を危うくするという批判や危惧が出されている。(8)

　高い経済成長がなければ税収が増えず、したがって社会保障に充てる財源が不足する、と言われる。そこで、経済成長率と税収との関係を、三つの時期をとって見てみる。一九八〇～八九年度の経済成長率は名目で年平均六・〇％（実質で四・〇％）で、税収（国税）

は八〇年度の二六・九兆円から九〇年度の六〇・一兆円へと右肩上がりに増えている。九一～九九年度の経済成長率は名目で二・三％（実質で一・七％）に低下したが、税収は九四年度に五一・〇兆円に減った後、二〇〇〇年度には五〇・七兆円とほぼ五〇兆円の横ばいで推移した。二〇〇一～〇七年度の経済成長率は名目で年平均〇・七％（実質で一・九％）とさらに低下したが、税収は〇二年度の四三・八兆円から〇七年度に五一・〇兆円に増えた。〇八年度の名目成長率はマイナス三・三％の落ち込みで、税収も四四・三兆円と一三％も減った（〇九年度の税収はさらに三六・九兆円に減少）。

このように、税収と経済成長率の間に一定の相関関係を見いだすことができる。だが、税収の推移の内容に立ち入ってみると、税制のあり方がより重要な要因になっていることが分かる。二〇〇七年度の税収五一・〇兆円は一九八八年度の税収（五〇・八兆円）とほぼ同じであるが、所得税分は一八・〇兆円（八八年度）に対して一六・一兆円、法人税分は一八・四兆円（八八年度）に対して一四・七兆円と低下している。逆に、消費税分は一〇・三兆円であり、消費税導入前の八八年度では物品税などが二・二兆円である。所得税と法人税の収入が減り、消費税収が税収全体のなかでいちじるしく比重を高めている。

一九八八年度の所得税は、最高税率六〇％であったが、現在は最高税率四〇％である。この累進性の緩和が所得税収の伸び悩みをもたらしてきた。また、九〇年代には景気対策として所得税の大幅な減税が行われ、所得税収を低下させている。法人税は一九八二年度に四〇％から四二％に引き上げられていたが、景気対策として九五年度には三八％、九九年度に三〇％に引き下げられた（地方税を含めた実効税率は四〇％）。法人税収は、景気の変動の影響を最も受けやすく、経済成長率と正の相関率を描いている。しかし、日本では法人企業に対する租税特別措置、欠損金（赤字）の繰越控除制度などの優遇措置によって、法人税を支払っている企業は〇九年度で二六％にすぎない（一九九〇年度で五〇％、二〇〇〇年度で三二％）。

一九九〇年代初頭から現在にかけて税収が低下傾向をたどり、歳出とのギャップが拡大し巨額の財政赤字を累積してきたが、その主要な原因は所得税と法人税の大幅な減税にあったのである(9)。したがって、経済成長率がゼロあるいはマイナスになっても、所得再分配機能を強化する税制改革、すなわち公正な税負担の増大によって税収を確保することは可能である、と言える。まして、日本の国民負担率（税と社会保険料の負担の対国民所得比）は四〇・一％（〇八年度）と国際的には低い水準にある。とくに税負担率は二五・一％と、際立って低い。高所得者や大企業・銀行への課税の強化をはじめ、税負担を引き上げる余地は十分にある。

膨らむ社会保障支出を支える安定した財源を確保する鍵は、経済成長率を高めることではなく税制のあり方を抜本的に変革することにある。比喩的にいえば、「成長」（総所得の増大）よりも「分かち合い」（所得の再分配）が重要になるのである。

とはいえ、脱成長経済における財政と社会保障のあり方については、より突っ込んだ議論が求められる。国家による税の徴収と配分は、市場経済が社会生活の全領域を覆うことを前提にして、市場の機能に欠けている所得の公正な分配（所得再分配）を実現する機能を担うものである。脱成長経済の下で非市場領域が拡大すれば、貨幣所得に対する課税は縮小するだろう（資産に対する課税を増やすことが考えられるが）。そうなると、税による所得保障（最低保障年金、あるいは給付付き税額控除やベーシック・インカムなどの現金給付）は維持・拡充されるが、介護や子育てや教育といった公共サービスの提供（現物給付）では住民の自主的な助け合いや共同労働の役割が高まるだろう。

5　「環境で成長する経済」と脱成長経済はどう違うのか

これまでの日本経済は、自動車や電機製品の輸出で稼いで大量の資源・食料・日用品を輸入するという構造を形成してきた。輸出依存率は二一世紀に入って急激に高まり、対ＧＤＰ比一五％にまで達した。これは、輸出部門のグローバル企業が主導し大儲けする経済構造でもあった。だが、こうした経済のあり方は、リーマン・ショックを引き金とする世界的な金融危機のなかで致命的な脆さを曝け出した。

そこで、これに代わる経済の新しいあり方が提案されている。その一つは、医療・介護・子育てなどのサービスや農業などの分野を中心にした内需主導型の経済成長をめざすべきだという主張である。たとえば「内需依存・消費主導型成長」論[10]がそれである。もう一つは、環境分野への大規模な投資を行なうことによって新たな経済成長をめざすという主張である。グリーン・ニューディール路線や「低炭素経済」論、「低炭素社会」論[11]である。

これらの構想と脱成長経済の構想とは、どこで重なりあい、どこで対立しているのだろうか。内需主導型の経済成長の構想の検討は別の機会に行なったので[12]、環境への投資で成長するという構想について見ておこう。「低炭素経済」論は、CO_2の大幅な排出削減が義務づけられることで、再生可能エネルギーや省エネ製品の開発・普及といった環境分野への大規模な投資が誘発され、経済成長が促進されると主張する。

すなわち、「エネルギー供給・消費構造の根本的な転換、それにともなう産業と消費・生活形態の変更、それを支えるインフラの根本的な『造り替え』が求められるが、それは、「再生可能エネルギーの爆発的な普及と、全産業領域におけるエネルギー効率の劇的な改善によって特徴づけられる」「第三次産業革命」である。これによって「日本経済に新たな成長と雇用拡大をもたらす可能性が高い」[13]」、と。

また、「低炭素社会」論は、「二〇五〇年日本においてCO$_2$を一九九〇年に比べて七〇％削減するような低炭素社会を実現させる」が、この社会は「一定の経済成長を維持する活力ある社会」である。これは「エネルギー需要の四〇~五〇％削減とエネルギー供給の低炭素化によって可能となる」、というシナリオを描いている[14]。そして、省エネ家電や高断熱住宅・ビルの普及、電気自動車の普及、太陽光発電、原発の増加などを例示している。

再生エネルギーの開発・普及は、脱成長経済の重要な要素でもある。その点では、低炭素経済化と脱成長経済とは、重なり合う。再生可能エネルギーの開発・普及が新たな事業と雇用を創出することは、望ましいことである。しかし、それによって新たな経済成長を実現しようとすれば、新しい技術や製品や設備（電気自動車、省エネ家電、高断熱材住宅、太陽光発電、スマートグリッド送電網、高効率のボイラーやモーターなど）の開発・普及のための大規模な投資が優先される。そのことはまた、従来の自動車や家電や住宅の大量の廃棄を引き起こし、環境負荷を高めかねない。

「低炭素経済」論や「低炭素社会」論は、経済成長の維持という目標に縛られているために、もっぱら新しい技術や製品の開発・普及とそのための大規模な投資に頼って環境問題を解決しようとする。しかし、ガソリン車に代えて大量の電気自動車を走らせるよりも、クルマに頼らない社会と生活のあり方を創ることのほうが重要ではないか。路面電車や路線バスを復活しコミュニティバスを走らせる代わりに、マイカーの使用や都心への乗り入れをきびしく制限する。トラックの遠距離輸送に頼る食料の物流、一日に何回も商品を運ぶこむコンビニの品揃えにもメスを入れる。

脱成長経済は、住民主体の自治的な地域社会の構築を起点にして社会と経済を組み替えていくことをめざす。したがって、地域内の物質循環システムの実現を重視し、小規模分散型のエネルギー自給、地産・地消型の地域農業の発展、クルマ社会からの脱却によって環境保全を達成しようとする。そのことは、都市と農村の関係の抜本的な組み替え、巨大都市の「解体」と不可分である。

6　グローバルな経済成長が続くなかで、日本だけが脱成長に転換するのか

金融危機からのグローバルな経済の急速な回復をリードしたのは、中国・インド・ブラジルなどの高い経済成長である。中国やインドは、新中間層の出現に支えられて大量生産・大量消費・大量廃棄型の経済成長を続けている。

そこから、脱成長論に対する次のような批判や反論が出されてくる。先進国自体ではもはや経済成長が望めないとしても、新興国が高い成長を続けるかぎりグローバルな成長は可能である。したがって、日本は、新興国の成長を取り込んだ外需主導型の経済成長を追求することが可能かつ必要

である。「人口減少の進展で日本の国内市場が縮小し、海外市場の重要性は一段と高まる」[15]のだから、新興国の経済成長に背を向けて日本が脱成長経済に転換するというシナリオは、閉鎖的な夢想である、と。グリーン・ニューディール論者も、「これからの資本主義経済を牽引するのは、新興国・発展途上国における耐久消費財の着実な普及を促進するグローバル・ケインズ主義的施策と、先進国におけるグリーン・ニューディール政策の組み合わせ」[16]であるという展望を描く。

私は、輸出主導型の経済構造を転換し、自由貿易の原理を拒んで公正な貿易を実現する政策をとることによって、日本が脱成長経済に踏みだす必要があると考える。しかし、脱成長経済への転換は、日本一国あるいは先進国のレベルではなく、資本によるグローバル化に対抗しながら、世界経済システム全体を変革していく過程の一環としてはじめて実現可能である。

グローバルな次元での経済成長と経済システムの転換が迫られている条件は、どのようなものか。

第一に、新興国での耐久消費財の爆発的な普及をエンジンとする世界的な経済成長は、いかに省エネや脱炭素化の技術を利用したとしても、地球環境の悪化と資源の枯渇を加速する。このことは、無制限な経済成長にブレーキをかけ、経済発展のあり方を変えることを迫る。先進国がGDP指標での生活水準を引き下げるだけでなく、新興国や発展途上国も、市場化を通じて先進国の消費生活を後追いする道とは別の経済発展の道を選ぶことが迫られる。

しかし、環境や資源の面からの制約は、経済的な必然性（コストの論理）というよりも、政治的な意思決定による規制としてはじめて現実化する。その点では、環境面からの制約は、温暖化防止のためのCO_2削減の国際的合意が暗礁に乗り上げているために実効性を発揮できていない。また、資源面からの制約は、レアアース・化石燃料・水・農地などをめぐる国家間の争奪競争とナショナリズムの爆発という形で現われている。国益に固執する国家間交渉の限界を突破する民衆運動の側のイニシアティブと力の発揮が問われてくる。

第二に、金融危機からの世界経済の回復過程そのものが、より大きな不均衡と不安定さを生みだしている。各国、とくにアメリカは危機対策として財政出動と金融緩和に訴えて巨額の資金を投入したが、それが過剰なマネーとして世界中に溢れ出している（ワールドダラーは、一〇年一〇月末には四・五兆ドルと、リーマンショック前の二倍に膨らんだ）。そのマネーは、通貨の競争的切り下げを引き起こしながら、新興国に大量に流れこんでバブルを引き起こし、また金や穀物・綿花などの投機買いを引き起こしている。新興国のバブルの破裂や通貨危機といった形で、世界経済の危機が再現する可能性が高まっている。世界経済は遅かれ早かれ、過剰なマネーの暴走を随伴する経済成長の破たんに直面するだろう。G20の駆け引きを尻目に再び暴走しているマネーを根本的に規制する仕組みの構築が急がれねばならない。

第三に、新興国、とくに中国の高い経済成長がいつまでも続かず、壁にぶつかる可能性が高い。中国の経済成長は、その持続を困難にする格差拡大（都市と農村および都市生活者内部の）、不動産バブル、環境破壊といった問題を産み落としてきた。中国政府はこれらの問題に取り組もうとしたが、世界的な金融危機のなかで経済成長を優先する政策をとらざるをえなかった。新五カ年計画では「個人所得を経済成長率の伸びと同じにする」といった目標を掲げているが、同時に製品輸出主導の経済成長の継続で社会の不満を吸収する政策を変えようとしていない。しかし、労働者のスト頻発が予兆する社会的矛盾の顕在化が、経済成長優先の路線にブレーキをかけ、その転換を迫るにちがいない。問題は、それがどのような社会運動の形をとって中国社会のあり方を変える対抗力として出現するかである。

問われるべきは、成長なき資本主義はありうるのか、それは資本主義と呼べるのか、という問題である。付加価値のたえざる増大、そのなかでも企業の利益となる営業余剰の増大がなくなれば、資本主義はその駆動力を失なうことになるのでないか。成長なき資本主義が生き延びる唯一の道は、金融資産の自己増殖に走る金融資本主義化である。現代のグローバル資本主義は、金融資本主義への変質をとげてきている。脱成長経済は、膨れ上がったマネーを経済と社会のなかに埋め戻すことを、そしてグローバル資本主義をあらゆる面で強力に規制し変革することを重要な特徴とする。

脱成長経済は、資本主義ではないシステムへの踏み出しである。したがってまた、それはすぐれて政治的な選択の問題なのである。

註

1　代表的なものは、朝日新聞二〇一一年元旦社説である。そこでは、「自由貿易の強化は、貿易立国で生きる日本にとって要である」という立場から、TPP参加に「日本の命運はかかっている」とまで主張している。

2　本書第I部第4章「経済成長はいらない——脱成長の経済へ」

3　小峰隆夫編著『政権交代の経済学』（日経BP社、二〇一〇年）は、雇用創出のためには「その基盤となる経済成長戦略が最も必要とされ」るという立場に立っているが、そのなかでも次のような指摘がある。「我が国の全体の経済成長率は、二〇三〇年代の前半頃を境に、マイナスに陥りかねないと考えられます。これは人口推計から分かってしまうことです。経済成長のエンジンには、技術進歩、労働力増、資本蓄積の3つがあります。このうち、労働力増が、大きなマイナス要因となってしまうのです」。

4 「欲求がほとんど飽和しつつある」（広井良典『グローバル定常型社会』岩波書店、二〇〇九年）。先進国では「欲求のみならず欲望も相当満たされた」（佐伯啓思『大転換』NTT出版、二〇〇九年）。「いまは耐久消費財が社会にいきわたってしまい、新しく欲望を喚起できなくなっている」（水野和夫・萱野稔人『超マクロ展望　世界経済の真実』集英社新書、二〇一〇年）

5 佐和隆光『グリーン資本主義』（岩波新書、二〇〇九年）

6 内閣府「幸福度調査」（平成二一年度国民生活選好度調査）、二〇一〇年四月二七日

7 大竹文雄『研究進む『幸福の経済学』（日本経済新聞二〇一〇年五月三日「経済教室」）

8 たとえば、宮本太郎は、就労と福祉を結びつけ「雇用と社会保障を連携させ」「安心を活力に、あるいは生活保障を経済成長に結びつけていく戦略」が必要だ（『生活保障』、岩波新書、二〇〇九年）と主張し、経済成長につながらない社会保障の構想（ベーシック・インカム）に疑問を呈している。

9 この点については、神野直彦『「分かち合い」の経済学』（岩波新書、二〇一〇年）が詳しい。

10 二宮厚美ほか『新自由主義か新福祉国家か』（旬報社、二〇〇九年）

11 諸富徹・浅岡美恵『低炭素経済への道』（岩波新書、二〇一〇年）、「二〇五〇日本低炭素社会」シナリオチーム『二〇五〇日本低炭素社会シナリオ』（二〇〇七年）

12 拙稿「脱成長の経済へ――日本は元気でも強くなくてもよい」（「庫標塾」第七期第二回、『グローカル』第七五五～七五七号、二〇一一年二月一日、三月一日、四月一日）

13 諸富・浅岡、前掲

14 「二〇五〇日本低炭素社会」シナリオチーム、前掲

15 日本経済新聞二〇一一年一月三日社説

16 佐和、前掲

（初出『季刊ピープルズ・プラン』第五三号、二〇一一年三月）

【時評――3・11から三カ月】

いまこそ、脱原発・脱成長社会へ舵を切るときだ

脱原発・脱成長か、原発延命・経済成長か

三月一一日の巨大地震と大津波は、一瞬にして二万人の人びとの命を奪い、数十万人の人びとが家族と住まいと生活を失った。それに伴う原発事故は周辺の住民を被曝難民に追いやり、いまも海や土地を放射能で汚染しつづけている。かつてない打撃を被った生活と社会を、しかも原発事故が収束していないという状況下で、どのように再建していくのか。いま、「復興」のあり方――3・11後の日本社会のあり方――をめぐって、二つのパラダイム・二つの流れが相争っている。

一つは、脱原発・脱成長の社会への転換をめざすパラダイムと流れである。もう一つは相変わらず原発依存と経済成長にしがみつくそれである。後者は、次のように主張する。

（復興にとって）まず強調したいのは、経済の活力を高めることの重要性である。震災や原子力発電所の事故をきっかけに、電気の浪費につながるような経済成長志向から脱すべきだという声も聞こえてくる。だが、……成長だけ追求すればいいわけではないが、それを軽視すれば社会は不安定になり、人々の心のゆとりもなくなる。(1)

二つのパラダイム・流れがぶつかる最大の争点は、脱原発に転換するのか、それとも原発を延命させるのかである。経済成長主義は、原発に依存し延命させることに固執する。

電力不足は生産活動を鈍らせ、経済全体への打撃も大きい。

日本の電力供給の三割を担ってきた原子力の代わりはすぐには見つからず、原発全廃は非現実的だ(2)。

原発がなければ電力不足に陥り、「復興」と成長の足を引っ張ることになる、というわけだ。電力不足になるぞという脅しが、原発の必要性を説く言説の最後の切り札になっている。そこでは、大量生産・大量消費・大量廃棄の経済と生活を復興させることが、当たり前のように想定されている。大都市の住民がふんだんに使う電気の供給とそれに伴うリスクを過疎の町や村の住民に負わせる不公正な構造を、そのまま存続することが自明視されている。

脱原発社会への転換は、こうした経済と生活のあり方、大都市と地方の間の不公正な構造を根本的に変えることにほかならない。原発をなくせば電力不足になるという延命派の論理に対して、私たちはどう切り返すべきか。再生可能な自然エネルギーの飛躍的な増大と省エネ・節電技術の普及によって、必要な電力を十分に確保することができる。これが一つの答え方だが、より重要なのは、原発抜きの電力供給の範囲内で経済活動も生活も営めばよい、と切り返すことである。つまり脱成長の発想に立って、電気を大量に使う経済と生活のあり方を抜本的に見直し、別のあり方に変えよう、と。論争の土俵そのものを電力が不足するのかどうかという事柄から、どのような社会を望むのかというテーマへと押し広げることが必要である。

もちろん脱原発社会への転換は、具体的な政策レベルで一歩一歩推進される過程である。すでに五四基の原発のうち三六基は地震や定期検査のために運転を中止しているが、住民の力で知事が運転再開を認めないところにまで追い込む。一四基の新増設計画を破棄させ、浜岡に続いて運転中の原発を順次停止し全原発を廃炉にする計画を政府に策定させる。同時に、電力会社の供給独占を打破し、自然エネルギーを増やす支援策を強めて地域分散・自給型のエネルギー供給の仕組みを作っていく。発電と送電を分離し、地域で多様な主体と方法によって発電した電気を公的管理された送電網で送る。したがって、「復興」の柱の一つは、すでに試みられているが、被災地での自然エネルギーの導入による生活再建に置かれなければならない。

脱原発に踏みきれない菅政権

「復興」をめぐる二つのパラダイム・流れの争いのなかで、菅民主党政権は股裂き状態に陥っている。この政権が推進しようとしてきた「新成長戦略」は、地球温暖化防止の切り札と位置づけた原発の新増設を柱とする環境・エネルギー分野への重点投資、原発をはじめとする官民一体のパッケージ型インフラの輸出、さらにＴＰＰへの参加を重点項目としていた。しかし、３・11、とくに原発事故は、「新成長戦略」を直撃し、破たんさせた。だが、菅政権は原発推進路線の誤りと経済成長主義の破たんをはっきり認めようとせず、部分的な手直しによって状況を後追いしてきた。Ｔ

ＰＰ参加の早期決定は先送りせざるをえなくなったが（「政策推進指針」一一年五月一七日）、肝心のエネルギー戦略については右往左往している。脱原発の方向を打ち出したかと思えば、すぐにそれとまったく相反する原発維持の政策を持ち出すという有様である。

首相自ら浜岡原発の運転停止を要求したが（一一年五月六日）、浜岡以外の停止を求めず原発を堅持すると言明する（五月八日）。原発五〇％依存にするエネルギー基本計画（一〇年六月決定）を白紙から見直し自然エネルギーにシフトする（二〇二〇年代には二〇％）とＧ８で公約しながら、同時に安全性を強化して原発を活用するとも言う。政権として原発を輸出する「インフラ海外展開」の再検証を決めたが（「政策推進指針」）、「世界最高レベルの安全性に支えられた原子力」（経産省）を売り込もうとする。発電と送電の分離の検討を提案しておきながら（菅首相、五月一八日）、東電を延命させる（株主の責任を問わず、社債の償還や銀行の債権を保護する）損害賠償の枠組みを作ろうとする。

このように、菅政権は、脱原発・エネルギーシフトを語りながら「安全性を高めた原発」を温存するという支離滅裂な方針をとっている。菅政権が脱原発の色彩を強めている背景には、原発事故が長期化し放射能汚染が広がるなかで、脱原発の意識が急速に社会に広がっていることがある。事故直後の四月中旬には「原発の利用」に賛成五〇％、反対三二％であったが、五月末には賛成三四％、反対四二％に逆転した。また、四月中旬には「原発の現状維持」プラス「増やす」が五六％、「減らす」プラス「やめる」が四一％であったが、五月末には「原発の現状維持」プラス「増やす」が四五％、「減らす」プラス「やめる」が五二％へと同じく逆転している（いずれも朝日新聞の世論調査)。

にもかかわらず、菅政権は、脱原発に明確に踏みきれないでいる。原発推進勢力も、いまや原発推進だけをあからさまに謳うことは困難だから、自然エネルギーへのシフトを口にしながら「安全性を高める」と謳って原発を延命させようとしている。エネルギーシフトと安全な原発の共存という菅政権の態度は、原発延命策に手を貸す役割を演じていると言わねばならない。

何が脱原発への転換を妨げているか

菅政権が脱原発へ向かって舵を切れない理由の一つは、原発推進勢力の強い抵抗と妨害にある。原発を推進してきた利権集団(「原子力ムラ」)は、電力会社(電気事業連合会)とその労働組合(電力総連)から、原発メーカー(東芝、日立、三菱)・ゼネコン・銀行・商社、経産省と文科省、資源エネルギー庁、原子力安全委員会、原子力安全・保安院、原子力開発機構、そして東大工学部をはじめとする原子力研究機関に至る広大なネットワークを形成してきた。この利権集団は権力構造の中枢に居座って、マスメディアを支配し、反対運動をつぶし、原発周辺の地方自治体を思うがままに牛耳ってきた。3・11後も、自民党内では「エネルギー政策合同会議」を立ち上げ、民主党内では電力総連出身議員が策動を強めるといった形で、脱原発への転換を妨げてきた。

原発推進の利権集団の強大な力はけっして侮れない。だが、その支配力が大きく揺らいでいることもたしかだ。東電や安全・保安院に対する信用は地に堕ちたし、九電力による供給独占に対する産業界からの電力自由化(発送電分離)の要求が息を吹き返している。電力総連の工作で原発の新増設を昨年（一〇年）八月に決めたばかりの連合も、原発推進の凍結を打ち出した。今こそ、原発推進勢力の責任と犯罪をきびしく問い、社会的に孤立させ、その影響力を徹底的に削ぐ動きをつくりだすべきときである。

菅政権が脱原発に踏みきれないもう一つの理由は、経済成長主義のパラダイムにしがみついていることである。３・11によって「新成長戦略」は出鼻をくじかれ（ＯＥＣＤは一一年の日本の経済成長率はマイナス〇・九％と予測）、見直しを迫られた。にもかかわらず、性懲りもなく「大震災がもたらした制約を順次、確実に克服する。同時に、新たな成長を実現する取り組みを強化し、日本経済の潜在的な成長力を回復する」（内閣府「政策推進指針」参考資料）と繰り返している。

被災地のインフラの再建は急務だが、「復興」事業がゼネコン主導の大規模な公共事業だけにすり変わり、雇用創出も一時的なものに終わり、巨額の資金が東京に吸い上げられてしまう危険性も強い。経済成長に寄与するか否かにかかわりなく、農業・水産業の再生、医療や介護や教育のサービスと雇用の再建・拡大、自然エネルギーの普及といった地域再生に結びつく産業再生こそ、優先されなければならない。

命を守る政治を復権しよう

３・11後の事態、とくに原発事故に対する菅政権の対応には、人の命を守るという政治の根本原理がまったく欠けている。この政権が原発事故の被害と影響を小さく見せかけようとして情報を小出しにしたり、隠したりしたことは指摘するまでもない。命を守るという政治哲学の致命的な欠落を端的に示したのが、20ミリシーベルト問題である。

　放射能で汚染された園庭や校庭で幼児や子どもが遊ぶことは、重大な健康被害をもたらす危険性がある。文科省の役割は厳格な基準を設定して、教育委員会や学校に子どもの安全を守るために必要な措置を迅速にとらせることである。ところが、文科省はまったく逆の態度に出た。年間1ミリシーベルト（msv）の被曝線量という上限を20 msvに緩和し、子どもの健康にただちに影響はないとしたのである。この暴挙は、幼児や子どもをもつ母親や父親を不安に陥れた。「人の命を何だと思っているんだ！」という悲痛な怒りの声が上がった。その怒りは、人の命や安全を守る仕事に全力を挙げようとしない政権の本質を鋭く突いている。

「子どもたちを放射能から守る福島ネットワーク」を先頭にした人びとの迅速な行動は、頑迷固陋な文科省をついに譲歩させ、1msvをめざすと言明させた。この基準を厳格に適用するならば、園庭や校庭を使わせなかったり表土を削ったりする措置だけでは終わらない。福島のすべての子どもたちを、保育園や学校単位で集団的・計画的に避難させることが必要になる。親たちの自己責任で行なわれている自主避難に委ねるのではなく、仕事や老親を抱えて避難したくてもできない親と子どもを含めた集団疎開が行なわれるべきである。だが、政府にはそうした方針も計画もないのだ。何という無為無策・無責任ぶりだろう。

　人の命をないがしろにする発想は、東電が原発の現場で作業する多くの労働者を被曝から守る対策をとっていないにもかかわらず、政府がこれを放置してきたことにも現われている。原発労働者が許容される被曝線量の上限を年間50 msvから250msvに緩和したこともひどいが、東電のずさんな安全管理を見て見ぬふりをして是正のための指導・介入を行なってこなかったのである。

子どもたちの集団疎開の実行には、親の所得保障も含めて多額の財政支出が必要になる。だが、財政上の制約があるからといって、子どもたちの命や健康を守る対策をなおざりにすることが許されるだろうか。コストの論理を優先して安全性や人の命を二の次にする政治が原発事故を引き起こし、そして原発依存の社会そのものを成り立たせてきた。脱原発社会への転換とは、命を守る政治の復権を意味するのである。そのために必要な財源は、税負担を引き上げることによって確保すればよい。

大震災によって多くの社会的インフラが破壊されただけではなく、原発事故も加わって操業停止・倒産・廃業が相次ぎ、四〇万人の雇用が失われたとされる。失業、長期に及ぶ避難生活、放射能汚染による農水産物の出荷や売上げの激減は、働いて所得を得る道を多くの人びとから奪った。生存権保障の立場からすれば、被災や避難によって働いて稼ぐことができなくなった人びとに対して、生活できるだけの基本所得を長期間にわたって保障する仕組み、つまりベーシック・インカムを被災地に導入する必要がある。そのために必要な財源は、被災地や避難地域以外の住民と企業が連帯精神をもって特別に負担する税によって賄うべきである。所得税や法人税に一定期間は定額増税をする、一定額以上の金融資産に課税するといった方法が考えられる。税収が大きくなるからといって、被災地の住民や避難生活を送る人びとの負担も引き上げる消費税率の引き上げは、避けるべきである（まして、「税と社会保障の一体改革」のための財源として消費税率の一〇％への引き上げを、逆進性を軽減する措置もないまま、唐突に提案することは許されない）。

脱原発をめざす巨大なうねりを

3・11によって日本社会の風景は一変した。これから社会のあり方をめぐって根本的なパラダイム転換が、いま必要とされている。その中心柱は脱原発・脱成長社会への転換だが、それは同時に日米同盟深化（「トモダチ作戦」によって巧妙に加速された）の路線から転換する、自衛隊を軍事組織から災害救助組織に抜本的に組み替えるという選択と不可分に結びついている。3・11からの「復興」――生活と社会の再建――は、「旧に復する」のではない、つまり「元の日本」「元の社会」に戻らない選択としてはじめて可能である。

3・11から三カ月近くが経ち、脱原発か原発の延命かが社会の最大の争点にせり上がっている。日本だけではない、世界的にもそうである。脱原発か原発依存かという争いは、民主党や自民党にも亀裂を入れはじめている。もちろん、この争点が政党や政治勢力の再編にただちにつながるとは思えないし、脱原発を消去した連立政治の企みが見え隠れしている。だが、社会のなかに新しい対抗線が引かれつつあることはたしかだ。

脱原発を求める声と動きは、多様である。放射能汚染への不安から脱原発を望む人びと、自然エネルギーへの投資によって雇用創出と新たな成長が生まれると期待する人びと、脱成長の社会をめざす人びと。これらの多様な思いと声が共鳴しあって、脱原発の巨大な社会的・政治的うねりが創りだされる。それによって、政治や政党の世界に明確な亀裂が持ち込まれ、脱原発のエネルギー政策を決定させる。同時に、住民の力や住民投票によって原発の運転再開を不可能にし、すべての原発を廃炉に追い込んでいく。

これは夢ではなく、リアリティのある展望である。原発延命派は金切り声を上げはじめている。

定期検査のため停止中の原子力発電所が安全性に懸念を強め、運転再開の見通しが立たない。このままでは一年以内に国内に五四ある原発すべてが止まり、電力危機が全国に広がりかねない。(3)

脱原発の巨大なうねりを創りだし、原発推進勢力に本当に悲鳴を上げさせよう。

註

1　日本経済新聞二〇一一年五月一日社説

2　同五月三日社説

3　同六月一日社説

（初出『季刊ピープルズ・プラン』第五四号、二〇一一年七月）

第4章　経済成長はいらない――脱成長の経済へ

1　はじめに

鳩山民主党政権のスタート時点から、経済成長戦略がないという批判がずっと行なわれてきた。この批判は政府のデフレ宣言（二〇〇九年一一月）によっていっそう高まり、それに押される形で、鳩山政権は慌てて「新成長戦略（基本方針）」を策定した（同年一二月）。これは、環境・再生エネルギーと医療・介護・健康関連の分野を中心にして一五〇兆円の市場と五百万人の雇用を新しく創出する、同時に「アジア太平洋自由貿易圏」の創設などアジアの成長を取り込むアジア経済戦略を展開する。それによって、二〇二〇年度までに年平均名目三％、実質二％の成長を実現して名目GDPを六五〇兆円（現在の一・三倍）に増やすというものである。

いかにも、状況に規定されて路線や政策をいとも簡単に変える鳩山政権らしい振る舞いだが、本稿では、そもそも「成長戦略」あるいは経済成長の追求が必要か否かという問題を検討してみたい。

2　「成長戦略がない」という批判

成長戦略がないという批判は、鳩山政権が民主党マニフェストや初めての所信表明演説（〇九年一〇月二六日）において、家計への直接支援による個人消費の拡大を通じて内需主導型の経済成長をめざすという路線を打ち出したことに対して、向けられてきた。

家計が豊かになるべきだという考え方は正しい。しかし、家計が豊かになるためには経済成長が不可欠であり、企業の活性化なしには成長はありえない。

政府がすべきことは、日本企業が海外市場開拓に積極的に乗り出すのを後押しすることである。この点で民主党が内需主導型経済への転換を強調する余り、国内の需要づくりを偏重し、今後の成長に欠かせない外需の取り込みへの支援が手薄になることが危惧される。

主要国の中で最も高い法人税実効税率を引き下げることは、企業の国際競争力の維持に寄与するほか、設備投資の促進、企業の海外移転による空洞化の回避を通じて雇用の拡大にもつながる。企業が成長して日本経済のパイが拡大すれば、その恩恵は家計部門にも及ぶはずだ(1)。

ここには、成長戦略がないという批判の主な論点がほとんど出ているが、付け加えると次のような批判もある。

分配優先で企業に負担を課す「北風政策」よりも、企業を優遇して成長を促す「太陽政策」が必要ではないか。

企業が太らないことには家計の回復もままならない(2)。

経済成長による税増収が必要なんです。その成長戦略が民主党にはない。
国内総生産（GDP）が増えないと、雇用は増えない。成長戦略が雇用安定の最大の方策になる。(3)

批判の論点をまとめると、次のようなことになる。（1）分配（再分配）が重視されているが、全体の所得（パイ）を増やす成長戦略が不在である。（2）経済成長によって所得が毎年増えなければ、雇用の拡大と安定も税収増による社会保障の拡充もありえない。（3）経済成長の主役は企業であり、企業が成長してこそ家計も潤うのだが、企業の成長を促進する政策（法人税率の引き下げ、規制緩和の推進）が欠けている。（4）内需主導だけでは経済成長は困難であり、新興国の市場を取り込む外需の伸びが必要不可欠である。

3　なぜ成長が必要なの？

基礎的なことを確認しておくと、毎年の（市場で取引される）財やサービスの生産活動によって新たに生み出される付加価値の総額（GDP）が、フローとしての富である。これは、固定資本の減価償却分を除いて雇用者所得と企業の利益（営業剰余）とに分配される。経済成長とは、この毎年の付加価値の総額、つまりGDPが前年のそれを上回って増え続けることにほかならない。

それでは、なぜ経済成長が必要なのか。経済成長の必要性はあまりにも自明視されていて、このことをきちんと論じたものは意外に少ない。そのなかで、飯田泰之は「経済成長が必要である」理由を、労働生産性の上昇を上回る経済成長がなければ、必ず失業が生まれるからだと説明している。

（近代社会では）経済の潜在的な生産力は平均的にだいたい年二％から二・五％で向上していく。……一日一〇〇個の製品をつくれていた人が、一年後には一〇二個くらいつくれるようになる。そうすると、もし経済状態がそのままで、つくるモノの量が一定であれば、毎年二％の人間がいらなくなる。(4)

毎年二％の人間が失業することになる。だから、つくるモノの量（ＧＤＰ）を年々増やす必要がある、というわけである。「経済成長なしには失業の問題を解決することはできません」と、飯田は言う。

これに対しては、一人当たりの労働時間を二％短縮して雇用の機会を分から合う、つまりワークシェアをすれば失業は生まれない、という当然の反論が予想される。だが、飯田は、ワークシェアリングは困難であると言う。「収入は一定で労働時間が減少するよりも、もっと働いてもっと稼ぎたいという人がけっこういる」（同上）からだ、と。

たしかに、日本では労働時間の短縮やワークシェアに対する抵抗は、労働者のなかで大きい。しかし、それは、正社員であれば住宅ローンの支払いや子どもの教育費の多額の負担があるために所得が減ることに困惑を感じるからである。非正規労働者であれば、フルタイムあるいはダブルジョブで働いていても生活できるだけの所得を得ていないのに、さらに労働時間が短くなって所得が減れば生きていけないという不安を感じるからである。だが、前者の問題は住まいや子どもの教育の自己負担をなくし公共サービスとして提供する仕組みを作れば解決するし、後者の問題は「同一（価値）労働同一賃金」原則による均等待遇で時給を引き上げることによって解決する。こうしたことを無視して、「もっと働いてもっと稼ぎたい」という欲求を労働者の普遍的な性向と見なすことは、あまりにも乱暴である。

また、飯田は、経済成長なき社会とは同一の所得総額を奪い合う社会である、と批判する。

経済成長なき社会とは、毎年同一のパイを同一のメンバーで分ける社会である。このとき、いままでよりも、より多くの所得を得ようとするならば、ほかの誰かの取り分を減らさざるをえない。このようなゼロサム状況では、現在不幸にも低所得である場合、生活のためには誰かから奪うしかない。……このような奪い合いしかない社会はひじょうに息苦しいものになる。(5)

これは、所得再分配それ自体を「分かち合い」ではなく「奪い合い」だとして否定する論理である。高所得者層から低所得者層への所得移転は、経済成長のある社会でも行なわれている。これも「ほかの誰かの取り分を減らす」ことになる「奪い合い」であるはずだが、飯田は、経済成長のある社会であれば「奪い合い」にはならないと考えているようだ。所得総額（パイ）が増えれば、低所得の人びとは競争を通じた自助努力によって所得を向上させることができるから「ほかの誰かの取り分を減らす」必要はない、すなわち所得再分配の必要はない、ということなのだろう。いずれにしても、所得再分配は否定されることになる。

そして、飯田は、ゼロ成長社会が息苦しく生きづらい社会であることは、九〇年代から現在に至る時期の経験によって実証されている、と主張している。

平均一％での成長が続いた九〇年代後半から現在に至るまで、我々の生活がいかに苦しく、いかに不安なものであったかを忘れてはならない(6)。

成長しない社会の息苦しさを我々はすでに経験しているではないか。現代の日本の社会における「生きづらさ」のかなりの部分は九〇年代以降の低成長に由来する(7)。

4「失われた二〇年」――ゼロ成長の時代は何を教えるか

本当にそうなんだろうか。九〇年代から現在に至る時代を検証してみよう。

よく知られているように、日本は五六〜七三年度（オイルショック）の時期にはGDPの実質成長率（名目成長率マイナス物価上昇率）が年平均九・一％の高度経済成長を続け、その後もバブル最盛の九〇年度までは年平均四・二％の成長を維持した。だが、九一年のバブル経済崩壊から現在（〇八年度）までの時期は、年平均一・〇％という低成長に落ち込んだ。マイナス成長の年も四回あり、二〇〇〇年代の成長率は、二〇〇八年に世界的な金融危機に直撃されたこともあって〇・七％にとどまった。

名目GDPで見ると、一九八〇年度の二四八兆円から九一年度の四七四兆円へとほぼ倍増した後は、〇七年度に五一六兆円に達しただけで〇九年度は四七三兆円にとどまる見込みである。すなわち、この二〇年間はGDPはまったく増えず、ゼロ成長が続いてきたのである。「失われた二〇年」という言い方がされるのも、一理ある。

しかし、この二〇年間は、ゼロ成長によって全体の生活水準が低下したり貧しくなったりしたのだろうか。そうではない。ワーキングプアの増大や雇用の悪化など貧困が急増し、生活不安が広がり、「生きづらさ」が増したのは、飯田が言う全体の所得（富）が増えなかったからではない。富が公正に分配されず、格差が拡大してきたからである。このことは、所得格差を表すジニ係数が、この期間にいちじるしく上昇している（当初所得は九〇年の〇・四三三から〇五年の〇・五二六へ、再分配所得でも〇・三六四から〇・三八七へ）ことの一事を見ても明らかだろう。(8)

このゼロ成長時代をもう少し詳しく見てみよう。〇二年から〇七年にかけて小泉「構造改革」の下で、戦後最長といわれる景気回復が生じた。この期間のGDPの年平均成長率は一・九％と、例外的に二％成長を実現した時期となった。これは、米国および中国向けの輸出の伸長によるものであった。輸出の増加は〇二年から〇七年にかけて一・八一倍になり、実質GDP成長率への寄与度は六割を越えた。反面、個人消費の伸びは一・〇八倍にとどまった。(9)その結果、実質GDPに占める輸出の比率は九〇年代前半の七～八％から一五％にまで高まり、日本経済はいちじるしく輸出依存の体質を強めたのである。

この景気回復期の特徴は、企業の利益が急激に膨らんだことであった。経常利益は〇二年から五年連続して前期を上回る伸びを続けた。稼ぎ頭のトヨタの経常利益は、〇二年に一兆円を越えた後、〇七年には二兆円を突破し、五年間で倍増した。これと対照的に、勤労者の可処分所得は低下し続けたのである。民間の労働者の平均給与は、〇二年の四四八万円から〇八年の四三〇万円へと低下している（〇八年までの一〇年間では三五万円の低下）。

これは、企業がコスト削減のために低賃金の非正規雇用の労働者を急増させたことが大きい。自動車・電機などの分野のグローバル企業は、人件費の切り下げによって輸出競争力を強める道をひた走ったのである。この期間の経済成長はたしかに雇用を拡大したが、それは不安定で低賃金の非正規雇用の拡大でしかなく、雇用を安定させなかった。生活の苦しさや不安や「生きづらさ」を解消するものではまったくなかったのである。そして、当然にも勤労者の可処分所得の継続的な低下は、社会保障の貧弱さによる将来への不安と相まって、個人消費の低迷を招くことになった。

輸出が伸び企業利益が急増したということは、輸出向け部門のグローバル企業が巨額の利益を稼いだことを意味する。水野和夫は、〇二年から〇六年にかけて「グローバル経済圏・大企業」の一人当たり実質ＧＤＰ成長率が年率九・五％であったのに対して、販売先が国内に限られる「ドメスティック経済圏企業」のそれ、とくに中小企業のそれはマイナス〇・一％であったと指摘している。(10)〇二年～〇七年の経済成長は、グローバル企業の成長でしかなかった。

しかし、この輸出依存型の日本経済は、〇八年九月のリーマン・ショックに端を発する金融危機とそこから転じた世界的大不況に直撃された。金融危機の勃発によって借金（ローン）に頼る米国の過剰消費は急激に収縮し、その過剰消費が支えてきた米国向けの世界の輸出は、急減した。日本は対米輸出と同時に、米国向け製品を組み立てている中国への部品輸出も激減させた。その結果、自動車や電機のグローバル企業は派遣労働者の大量解雇（「派遣切り」）、さらに正規従業員の削減を行ない、部品を供給する中小下請け企業が数多く倒産に見舞われたのである。

九〇年代以降、とくに二一世紀に入ってからの日本の経済成長の現実は、私たちに次のことを教えている。

第一に、外需＝輸出依存の経済は、世界的な景気が良好な時には高い経済成長を可能にするが、世界的な経済の変動にさらされやすく、ひじょうに脆弱である。第二に、企業の成長（企業の利益の増大）は、労働者や家計の所得の増大にはもはや結びつかない。企業の売上げと利益が増大すれば、それが雇用の拡大や労働者の賃金の上昇へ波及し、個人消費が活発になり、経済が活性化するという連動メカニズムがもはや働かなくなった。いいかえると、トリックル・ダウン（企業や富裕層の果実のおこぼれが下層の人びとに滴り落ちる）効果は、まったく働かなくなった。成長戦略を求める人たちが前提にする、企業が成長してこそ家計が潤うという神話は、破産していたのである。

5　新興国市場を標的にした外需＝輸出主導の経済成長というシナリオ

深刻な金融危機から一年あまり、世界的には中国など新興国の急速な景気回復に引っ張られる形で経済のゆるやかな回復が進んでいる。だが、米国もユーロ圏も失業率が一〇％と、雇用は悪化したままである。そのなかで、日本経済は、輸出に頼る製造業企業の収益の回復が見られるとはいえ、失業率は五％台で高止まりし、深刻なデフレ・スパイラル（安売り競争による価格の継続的な下落→企業の収益の減少→賃金の低下と雇用の縮小→個人消費＝需要の収縮→価格の下落）に陥っている。

こうした状況のなかで、金融危機を経た後の経済のこれからのあり方としては、二つの対極的なシナリオが想定されている。

ひとつのシナリオは、金融活動に対する一定の規制を強めながら、景気回復が進めば政府の介入や規制をできるだけ縮小して市場に委ねる、そして米国に代わって中国やインドなど新興国の市場の巨大な潜在的需要に依存して世界経済を成長させる、というものである。日本に即していえば、中国やインドなど経済成長率が高く人口も大きい国の市場をターゲットにした外需＝輸出に主導される形で、経済成長を回復するというシナリオである。

もうひとつのシナリオは、金融に対する規制を徹底的に強めながら、政府と市民の公共的役割を高めて市場の働きを限定し、ローカルな循環型経済の再生・発展を基礎にして脱成長の経済を構築するというものである。内需主導型の経済成長というシナリオは両者の中間に位置するが、どちらかといえば後者寄りである。

もちろん、支配的なシナリオは前者である。世界中のマネーの米国への還流によって可能となってきた米国の過剰消費に依存する輸出主導型の経済成長は、金融危機の勃発によって破たんした。だが、成長しつつある新興国の市場が新たな救世主となる、というわけである。たしかに、中国が驚異的な景気回復を見せ（昨年九～一二月のＧＤＰ成長率は対前期比一〇・七％）購買力の旺盛な新中間層が三億人に増えた事実を目の当たりにすると、この巨大な市場を取り込む外需＝輸出主導の経済をめざすシナリオに多くの人は惹きつけられるかもしれない。

このシナリオを唱える人たちは、内需主導型の経済論を次のように批判している。

現在、世界の成長センターは新興国である。……先進国が新興国の需要に助けられるのは当然である。実際、日本以外の先進国でも、多くの国で外需主導型の回復が見られる。日本だけが「機関車」として内需主導をめざす時代ではないだろう[11]。

一人当たりGDPが三万九〇〇〇ドルに達しているこの国では、一億二千万人があまねく「そこそこの豊かさ」を享受し続けるようにする……には、我が国の屋台骨である輸出型産業の再活性化が必要不可欠で、その成長戦略は「外需」を主導としつつ「内需」とのバランスを配慮するものとなろう[12]。

経済成長を求めようとすれば、グローバル企業が主導する新興国向けの輸出に依存する経済を選ぶことが早道だろう。それはまた、FTAの拡大を通じて農産物をはじめとするモノとマネーの自由な移動を加速する路線でもある。しかし、新興国の高い経済成長とそれに依存する輸出拡大戦略は、大きな限界と問題点を抱えている。

第一に、それは地球環境の制約と衝突する。すさまじい環境破壊、さらに急激な格差拡大を伴いながら高度成長をとげる中国が、このままの姿でいつまでも疾走し続けるとは考えにくい（その帰結は、中国内部の民衆的・市民的な対抗力の成長にかかっているが）。

第二に、この戦略は、国内で大きな雇用創出力を期待することができない。新興国との競争が激しくなるなかで、輸出競争力の強化は（これまでのように人件費の切り下げに求めることには限界があるから）、ＩＴ技術の活用やデザイン力の向上に求めざるをえない。だが、そのことは、高度の知識や技術をもつ少数の人材への需要を高めることになっても、大量生産型の作業を担う労働力への需要を増やすことにはつながらない。

第三に、外需＝輸出主導型の経済成長は、高い成長を可能にする反面、世界経済のたえざる変動に左右されてひじょうに脆弱でリスクが高い。

第四に、何よりも、グローバリゼーションを加速し、金融危機を引き起こした過剰なマネーのボーダレスな自由な運動を放置し続けることになる。各国政府が経済危機対策として大量に注ぎ込んできたマネーは、いまや新興国に流れこみ、新たなバブルを作りだしているのである。

6　脱成長の経済――もうひとつの経済へ

もうひとつのシナリオは、経済成長があらゆる問題を解決するという神話と訣別し、脱成長の経済を構築しようというものである。

このシナリオを唱える人は、まだ少ない。最近では、水野和夫が「ゼロ成長のもとでも豊かに暮らせるというモデル」が必要だとして、鳩山政権は「成長戦略がないと批判されても、むしろそれを持たないほうが二一世紀の潮流にマッチしていると考え、成長志向の名残を一掃してほしい[13]」と明言している。

広井良典は、「定常型社会」を提唱している。すなわち、「貨幣で計測できるような人間の需要あるいは欲求がほとんど飽和しつつある」から、「『成長（市場経済の拡大）による失業問題の解決』という発想を何らかの形で転換していく必要」がある。そして、「賃労働時間をできる限り削減し（これによって失業率そのものを減らし）、かつ内部で循環するような経済を作っていく」べきだ、と。[14]また、内橋克人は、「食糧（F）、エネルギー（E）、ケア（C＝広い意味での人間関係）の自給圏の形成」を起点にした「共生経済」の構築を提案している。[15]

脱成長の経済のシナリオは、全国各地の地域再生のさまざまの先駆的な試みのなかにその萌芽があるが、それらをつなぐ全体像としてはまだ粗削りなスケッチにとどまっている。また、このシナリオは、金融危機を経た後で主張されはじめている外需＝輸出依存型の経済成長から内需主導型の経済への転換という提案と重なり合うところもある。

私の構想する「脱成長の経済」の柱を述べておきたい。

（1）「緑の経済」：経済活動の基本を自然生態系の循環のなかに組み入れ直す／自動車・電機製品の輸出と引き換えに大量の資源・食糧・日用品を安く輸入する経済構造を転換する。〝地産・地消〟をモデルに地域農業の再生を基礎にしてモノ・ヒト・カネが地域内で循環する経済を構築する。分散型自給エネルギーや環境保全の事業を発展させ、同時に介護や医療や教育などの対人サービスの拡充を柱にして産業構造を組み替える。農業・林業（加工を含む）、エネルギーと環境、ケア・医療・教育の分野で新しく多くの雇用を創出する。

（2）「脱成長」：経済成長を目標にしない／労働時間を抜本的に短縮し（たとえば週三日労働、年一三〇〇時間労働)、ワークシェアリングによって失業をなくす。働きたいすべての人には、人間らしい働き方のできる雇用の機会を保障する。労働時間の短縮によってスローな生活（ゆったりした暮らし方）を創造すると同時に、市場を経由しない（お金で評価できない）活動やサービスを活発に広げる。

（3）「公正な社会」：所得の公正な分配と税の公平な高負担を行なう／富裕層への累進課税の強化によって所得再配分を強化する。軍事費を大幅に削減する。税の公平な「高負担」を実現する（累進所得税・相続税・金融課税の強化、大企業優遇税制の廃止、環境税の創設と社会保障への充当、逆進性の解消を前提にした消費税率の引き上げなど）。「ベーシック・インカム」の導入による一元的な生活保障の仕組みを確立すると同時に、医療・介護・子育て・教育・住まいについての現物サービスを公共サービスとして十分に提供する。とりあえず格差是正と貧困解消の方策として、給付付き税額控除を導入する。

（4）「反グローバル化・脱マネー」：グローバリゼーションと対抗し金融活動を経済のなかに埋め戻す／農産物輸入の自由化および国境を越えるマネーの自由な移動（金融と資本取引の自由化）を根本的に制限する新しい国際ルールを作る。金融機関に集まる資金を高リスクの投資に運用することを禁止し、地域経済向けの融資を優先させる。金融機関の得る利益を制限する（課税の強化など）。同時に、ヒトの国際的な移動と交流はできるだけ自由にし、外国人を対等な市民として処遇する制度や条件を確立する。発展途上国に対する援助のあり方を抜本的に変革する。

この「脱成長」の経済は、経済成長によって雇用と生活を保障するのではなく、ゼロ成長あるいはマイナス成長であっても雇用と生活を保障する仕組みを創り出すということを意味する。いいかえると、経済成長を追求せず、ゼロ成長を想定して所得と雇用機会の公平な配分を実現しようとする。ワークシェアによる「失業なきゼロ成長」の経済と言ってもよい。

日本の労働力人口はこれから急速に減少していくが、働く環境・条件や教育・職業訓練を抜本的に改善すれば、労働生産性を上昇させ、女性や高齢者などの就業率を向上させることは十分に可能である。それによって、労働力人口の減少分をかなりの程度まで補うことができる。だが、一人当たり労働時間は、大幅に短縮される。したがって、労働力人口・労働生産性・一人当たり労働時間の変化からすると、GDPが増えることは予想できず、ゼロ成長がせいぜいであろう（GDPに反映されない非市場的な富はいちじるしく増えるが）。

また、環境・再生エネルギー、食、医療・介護・教育などの分野には大きな潜在的ニーズがあり、これを需要として掘り起こし労働者の待遇を改善すれば、新しい多くの雇用を創出することができる。鳩山政権の「新成長戦略」が環境・再生エネルギーや医療・介護の分野で新しく雇用を創出するとしているのは、間違っていない。産業分野別で見ても、製造業（〇七年の就業者一一六二万人、〇二年からは五八万人減）や建設業（同五四七万人、六二万人減）の就業者が減り、逆に医療・福祉（同五九六万人、一〇七万人増）の就業者が急増するという変化が、すでに進行している[16]。

にもかかわらず、医療・介護をはじめ対人サービスの分野での需要（内需）と雇用の増大は、輸出主導の製造業による従来の経済成長にとって代わって高い経済成長を生み出すものとはならないだろう。ところが、鳩山政権の「新成長戦略」は、内需主導型の経済へ転換するとしながら、成長神話に囚われて高い経済成長をめざすと謳っている。経済成長の目標を優先するならば、アジアの成長を取り込む外需＝輸出の伸長（「アジア経済戦略」）に軸足を移さざるをえなくなる。それはまた、法人税の引き下げによる企業支援という経済界の要求を受け入れることに行き着く。「新成長戦略」は、股裂きにあうジレンマを抱えている。

7　残された課題

私たちは、経済成長を前提にしない雇用と生活の保障、経済成長がなくても（あるいはないがゆえに）入手できる生活の質の豊かさをどのように実現できるかという立場にこだわって、これからの経済や社会の仕組みを構想していく必要がある。しかし、脱成長の経済や社会をめざす上で、多くの問題を解いていくことが求められる。最後に、本稿では論じ切れなかった課題を挙げておきたい。

ひとつは、「緑の経済」や「脱成長」の視点から、グリーン・ニューディール政策をどのように批判的に位置づけるかという問題である。

二つは、医療・介護・教育などの分野での雇用創出は、それらが公共サービスとして供給されなければならないから（たとえ民間企業やＮＰＯによって供給されても政府による補助が不可欠である）、そのために必要な財源をどのように持続的に確保するかという問題に直面する。この問題に関連して、宮本太郎は「雇用と社会保障を連携させ」「生活保障を経済成長に結びつけていく戦略」[17]が必要だとして、ベーシック・インカムよりもアクティベーションを選択するべきだと主張しているが、経済成長なしには社会保障を持続的に供給できないという考え方と、あらためて批判的に向き合う必要がある。
三つは、脱成長の経済への転換は、グローバル化に対抗する面を持つが、しかし世界経済システム全体の変革を促進することなしには困難であるかぎり、両者をどのように結びつけるのか。これが、変革主体の問題とも関わる最も大きな問題であろう。

註

1 増田貴司「国民が幸福になるための日本経済の成長戦略を示せ」(『エコノミスト』二〇〇九年九月一五日号)
2 日本経済新聞二〇〇九年一二月七日社説
3 竹中平蔵「インタビュー:司令塔なき民主党経済政策」(朝日新聞〇九年一〇月二一日)
4 飯田泰之/芹沢・荻上編『経済成長って何で必要なんだろう?』(光文社、二〇〇九年)
5 飯田「『ゼロ成長下の豊かさ論』を排す。実質二%成長が可能である大いなる根拠」(『日本の論点二〇一〇』、文芸春秋)
6 飯田『経済成長って何で必要なんだろう?』、前掲
7 飯田「『ゼロ成長下の豊かさ論』を排す。実質二%成長が可能である大いなる根拠」、前掲
8 日本における格差拡大については、拙著『格差社会を撃つ』(インパクト出版会、二〇〇七年)で論じてある
9 内閣府『経済財政白書』二〇〇八年版
10 水野和夫『人はなぜグローバル経済の本質を見誤るのか』(日本経済新聞出版社、二〇〇七年)
11 内閣府『経済財政白書』二〇〇九年版
12 小林良暢「民主党に代わって『成長戦略』をつくる」(『現代の理論』第21号、二〇〇九年秋)
13 水野「ゼロ成長時代のモデル築け」(朝日新聞二〇〇九年九月一六日)
14 広井良典『グローバル定常型社会』(岩波書店、二〇〇九年)

15 内橋克人『共生経済が始まる』（朝日新聞出版、二〇〇九年）
16 総務省「二〇〇七年就業構造基本調査」
17 宮本太郎『生活保障』（岩波新書、二〇〇九年）

（初出『季刊ピープルズ・プラン』第四九号、二〇一〇年三月）

【コラム】
ベーシック・インカムのすすめ

●ベーシック・インカムとは何か

いま、ベーシック・インカムがちょっとした話題になっている。ベーシック・インカムとは、すべての個人に対して最低限の生活ができるだけの所得（「基本所得」）を無条件に、税金から支給するという仕組みである。

重要なのは、無条件にという点である。これは、働いているかいないか、働く意欲があるかないか、資産があるかないかに関係なく、赤ちゃんから高齢者まですべての人に一律に支給するということである。だから、所得制限もなければ、生活保護給付の際に行われ屈辱感を与えるミーンズテスト（資力調査）も必要ない。もちろん、日本に暮らす外国人にも平等に支給される。また、従来の社会保障のように世帯単位ではなく、あくまでも個人単位で支給される。

具体的には、児童手当（子ども手当）、失業手当、基礎年金、一連の所得控除（課税前の所得分から控除する基礎控除、配偶者控除、扶養控除、給与所得控除など）といったこれまでの所得保障や生活保護給付をなくして、すべて一律の最低所得保障に置き換えることになる。

ベーシック・インカムの最大の特徴は、働くことから切り離して所得を一律に保障することにある。これがベーシック・インカムの重要な意味であり、同時に強い反対や批判を招く理由ともなる。

近代社会の大原則は、「働かざる者、食うべからず」であった。働いているかどうか、少なくとも働く意欲があるかないかという基準で、人間が評価されてきた。だから、幼児や子ども、障がい者や高齢者、あるいは失業者は、労働していないという理由で、一人前の人間として扱われてこなかった。ベーシック・インカムは、こうした労働中心主義の考え方を覆し、労働と所得の不可分一体性を切断する。働いているかどうか、働く意欲や能力があるかないかに関わりなく、「生きている」という一点、すなわち生存権に直接に根拠づけられた所得保障を実現しようとする。生存権は、人間であれば誰でも「生きる」権利を平等に持っているという点で普遍性がある。

ベーシック・インカムの魅力は、それが自由で多様な生き方を保障できることにある。私たちは、お金を稼ぐためにどんな劣悪な労働でもやらざるをえないという束縛から自由になる。生活できる最低所得が社会的に保障されれば、就労・家事・子育て・学習・職業訓練・ケア・ボランティアなどさまざまの活動を、ライフサイクルのなかに好きな時に組み込むことができる。ある時期は働いてお金を稼ぎ、別の時期は家事や趣味やボランティア活動に打ち込み、また別の時期は大学に戻って勉強する、といった多様な生き方が選べる。

●なぜ、導入が必要になっているのか

ベーシック・インカムという考え方には長い歴史がある。(1) だが、これが日本の現実に即していま注目されているのは、これまでの生活保障の仕組み、あるいは生存権保障の社会的仕組みが破たんしつつあるからである。

日本では、成人男性が企業に雇われて働き所得を得る、それによって妻と子どもを養うことが生活保障の基本的な仕組みとなってきた。失業や病気によって働くことができなくなれば、失業手当などを受けるが、就労の中断はあくまでも一時的で例外的なこととされた。年をとって働けなくなれば年金という所得保障を受けられるが、高齢者はまだ少数にとどまっていた。この仕組みがうまく機能したのは、経済成長が持続するなかで、企業がたえず雇用を拡大し、終身雇用と年功序列の慣行を維持したからである。企業に依存した「男性稼ぎ主」モデルの仕組みのおかげで、政府による公的な社会保障は、ひじょうに安上がりなもので済んだ。

しかし、九〇年代以降、日本はゼロ成長の時代に入り、企業は正規労働者を削り、非正規労働者を急増させてきた。失業率は九八年以降四％以上に跳ね上がり、また働いても生活できるだけの収入を稼げない労働者（ワーキングプア）が急増した。年収二百万円以下の労働者は、一千万人を突破している。企業はもはや人びとの雇用と生活を保障しなくなったのだが、公的な社会保障制度は貧弱なままだった。失業手当の給付期間が短い上に、非正規労働者の大多数が除外され、失業手当を受けられる人は失業者の二一％にすぎなかった。生活保護の受給はきびしく制限され、生活保護の「最低生活費」を下回る七〇五万世帯のうち、実際に受給しているのは一〇八万世帯と一五・四％にすぎない（〇八年）。高齢化が急速に進んでいるが、国民年金だけではその支給額は満額でも六・六万円、平均では四・五万円であり、とても生活できるような水準ではない。

高齢化の進行、ワーキングプアや失業者の増大のなかで、働くことを大前提にした生活保障の仕組みが行き詰まり、それに代わる別の仕組みの構築が迫られている。こうして、ベーシック・インカムが注目されるようになったのである。

●人は働かなくなり、怠惰になるか

ベーシック・インカムはひじょうに魅力的な制度であるが、多くの批判にさらされている。最大の批判は、人びとの働く意欲を失わせて怠惰な人間を大量に生みだし、社会の活力や経済成長を低下させる、という批判である。

これに対して、新自由主義の立場に立つ人びとは、ベーシック・インカムが労働へのインセンティブ（動機付け）を欠落させないために、その支給額を一人当たり月額五万円といった低い水準に設定することを提案している。(2) 五万円だけではとても生活できないから、人は自ずと就労せざるをえなくなり、働く意欲は失われないというわけである。

しかし、生存権の保障という観点からは、シングルでも最低限の人間らしい生活のできる水準の支給額が必要である。生活保護の生活扶助の支給額（東京都区部の単身者の二〇～四〇歳の単身者のケースで八万三七〇〇円）を参考にすると、たとえば月一〇万円が望ましい。そうすると、働く意欲は弱まるのではないか。

しかし、第一に、月一〇万円では最低限の生活ができるとしても、もっと良い生活を楽しむために高い収入を得たいと思う人は多いはずだから、就労への意欲は必ずしも失われないだろう。より重要なことだが、第二に、たしかにお金を稼ぐ労働への意欲は弱まるだろう。たとえば、いままで月三〇万円稼ぐために週四〇時間働いていた人が、月一〇万円のベーシック・インカムを受け取れるようになるから、あと二〇万円だけ稼ぐために週二七時間しか働かなくなる。しかし、このことは、労働時間を大幅に短縮するから、より望ましい社会に近づくことになる。私たちは、より多くの時間を家事や育児やケア、地域での助け合いやボランティア、社会運動や政治への参加、あるいは趣味の活動に費やすことができる。

社会生活が成り立つためには、報酬が支払われる労働だけではなく、家事や子育て、コミュニティ内での助け合い、ボランティア活動や社会運動など報酬の支払われない労働や活動が欠かせない。こうした無償の労働や活動は、社会的な有用性を持っているにもかかわらず、お金と市場がすべてという資本主義の世の中では金銭的報酬を得られる労働よりも価値が低いものとされてきた。労働と所得を分離するベーシック・インカムは、お金を稼ぐ労働の特権性をなくし、無償の労働や活動に積極的な意味と高い価値を与える。だから、稼ぎ主の男が妻に対して「誰が食わせてやっているんだ!」といった暴言を吐くこともできなくなるはずだ。

ベーシック・インカムは、労働(働くこと)の意味を変える。生活のためのお金を稼ぐ手段という面が弱まり、自己実現をする、他人と交わりつながるといった面に重点が移る。所得を得る労働が縮小され(人はより少なく働くようになる)、その代わりに無償の労働や非市場的な活動が活発になる(人はより多く活動するようになる)。そうした労働や活動は、GDPを増やすことに貢献しないから、経済成長を促進することにならない。ベーシック・インカムの導入は、経済成長至上主義からの脱却、脱成長経済への転換と結びついてくる。

●財源はどうするのか

ベーシック・インカムに対するもうひとつの大きな批判は、生活できるだけの最低所得をすべての人に給付すれば、財源が確保できず、持続可能な制度にはならないというものである。

これについては、小沢修司が、財源の面から見てベーシック・インカムは実現可能であるという説得力ある主張を展開している。[3] 小沢によれば、月額八万円のベーシック・インカムをすべての個人に給付すると仮定すると、総額は一一五兆円（年九六万円×一億二千万人）になる。そこで、給与所得（二一二兆円）と自営業者による申告所得（四六兆円）を合わせた個人所得総額（二五八兆円、二〇〇八年度）に対して、現行の所得控除（給与所得控除や基礎控除・配偶者控除・扶養控除・特定扶養控除など一二六兆円）をすべて廃止して、四四・七％の所得税をかけると、一一五兆円の財源調達が可能である。

現行の所得税率（最低五％から六段階の累進税率で最高税率は四〇％）からすると、これを一律に四五％に引き上げるという構想は、おそろしく乱暴に見える。しかし、試算すると、所得控除をなくして一律にベーシック・インカムを支給し、代わりに社会保険料控除だけを差し引いた所得額に課税すると、税負担はいちじるしく増えるが、実際に手にすることのできる可処分所得はあまり変わらないのである。

支給額が月一〇万円だと、必要な財源は一四四兆円になるから、四五％の比例所得税では不足する。やはり富裕層への課税の強化（所得税は累進性を強化して最高税率を再び引き上げる、相続税や資産課税を強化する）、法人税率の据え置きと課税ベースの拡大（租税優遇措置や欠損金の繰越控除制度の廃止など)、企業の社会保険料負担を引き上げて社会保障税に置き換える、といった措置が必要になる。

また、支給額を一〇万円にしても、子育て費用、とくに教育費や住まいの費用は支払えない。そこで支給額をさらに高くするのではなく、保育・教育や住まい、医療や介護は現物サービスを税によって無料で供給することが必要である。ベーシック・インカムは現金給付による所得保障の仕組みだが、現物サービスの十分な提供によって補完されなければ、人びとの生活を安定させることはできない。その意味で、ベーシック・インカムは万能の鍵ではありえない。

ベーシック・インカムの導入と現物サービスの拡充を両輪にしたこれからの生活保障を構想すると、税負担の増大は避けられない。重要なことは、「公正な高負担・高福祉」社会への転換について、人びとのなかで討議が積み重ねられ、政治的合意が作られることである。

註

1 山森 亮『ベーシック・インカム入門』(光文社新書、二〇〇九年)

2 新田ヒカル・星飛雄馬『やさしいベーシック・インカム』(サンガ、二〇〇九年)

3 小沢修司「日本におけるベーシック・インカムに至る道」(武川正吾編『シティズン・シップとベーシック・インカムの可能性』法律文化社、二〇〇八年)

(初出『市民の意見』一二一号、二〇一〇年八月一日)

第5章　成長幻想とバブルに酔うアベノミクス

Ⅰ　アベノミクスで日本経済の何が変わったのか

実体経済の回復なき景気回復

アベノミクスが鳴り物入りで登場してから一年半が経ったが、日本経済の何が変わったのだろうか。一言でいえば、実体経済の回復なき景気回復、実感なき景気回復が進んできたと言える。

株価は昨年（一三年）一年間で五七％上昇し、一時は一万六千円台に達して六年ぶりの株高になった。円安が一年間で一八％進み、一九円の円安になり、輸出向け企業の利益が大幅に増えた。株高によって個人資産家の株式資産は、一年間で三〇兆円も増えて九二兆円になった。株を持っている人は、資産効果で支出を増やし、デパートでも高級腕時計や装飾品など高額品がよく売れるようになった。一方、スーパーでの生活関連の消費は増えていない。

企業の景気回復感は、広がっている。上場企業の経常利益は急増し、トヨタの一四年三月期の営業利益は二・三兆円となった。大企業の経常利益の総額は約二九兆円と、リーマン・ショック前の〇八年三月期にほぼ並んだ。

一三年一二月の日銀短観によれば、中小企業の景況感も好転している。しかし、活況は、公共事業と住宅建設の建設業関連が中心であり、すべての産業や業種に広がっているわけではない。景気回復は、円安による輸出利益の増大（ただし、輸出数量は伸びていない）と公共事業の支えによるものである。消費者物価は上がっているが、設備投資と賃上げはいぜんとして伸び悩んでいる。中小企業のなかには、円安による輸入資材の値上がり＝コスト増を価格に転嫁できず、利益圧縮に苦しむものも多い。

「悪いインフレ」の進行

安倍首相は、アベノミクスの成果を次のように自画自賛している。

日本経済も三本の矢によって、長く続いたデフレで失われた「自信」を取り戻しつつあります。４四半期連続でプラス成長。ＧＤＰ五〇〇兆円の回復も視野に入ってきました。有効求人倍率は、六年一カ月ぶりに一・〇倍を回復。冬のボーナスは……平均で一年前より三万九千円増えました。北海道から沖縄まで全ての地域で消費が拡大しています。(1)

デフレ不況からの脱却が言われているが、現実に進行しているのは賃上げが追いつかないインフレ、すなわち「悪いインフレ」であり、非正規雇用ばかり増える雇用の回復なのである。

物価上昇の主な原因は円安で、燃料や小麦など輸入品の価格が上がっている。輸入品の値上がりや消費税率引き上げによる消費者物価の上昇と賃金の足踏みが同時進行している。二〇一四年春の賃上げ率は二・〇七％（連合の集計）と一五年ぶりに二％台になったが、消費者物価の上昇三・四％（五月、対前年同月比）に追いつけず、働く世帯の実収入は四・六％減と、八カ月連続のマイナスとなっている。日銀の生活調査でも、物価上昇で「暮らしのゆとりがなくなってきた」と答えた人が四三・七％にも上っている。

賃金が少し上がっても、物価の上昇に追い付けず、実質賃金は下がる。賃上げを伴わないインフレ＝「悪いインフレ」が進行し、人びとの「期待」が失望へと転化する可能性が近づくであろう。

失業率は三・六％、有効求人倍率は一・〇五倍（一四年二月）と、リーマン・ショック前の水準にまで改善されてきた。しかし、正社員の求人倍率は〇・六七倍にとどまっている。また、全体の半分の二四道府県では求人倍率が一倍に届かず、地域間で差がある。建設業や飲食業や介護サービスの分野での人手不足が目立っているが、全体として雇用の改善も見かけ上のものであり、低賃金で不安定な非正規雇用が増え続けている。

Ⅱ　アベノミクスの筋書きの落とし穴

「異次元の金融緩和」政策

アベノミクスが描いたデフレ脱却（経済成長の復活）のシナリオを取り上げ、経済の現実の経済の動きと照らし合わせて検証してみよう。

アベノミクスは「異次元の金融緩和」（無制限の金融緩和）、「機動的な財政出動」（公共事業の大盤振る舞い）、「成長戦略」（企業の成長の後押し）という「三本の矢」から成っている。

なかでも「異次元の金融緩和」は、デフレ脱却の切り札とされた政策である。日銀が安倍政権の意向に従って二％の物価上昇目標（インフレ・ターゲット）を達成するまで、国債などを無制限に買い上げて大量の資金を供給するというものだ。一三年四月五日に決められた方針では、日銀が銀行など民間金融機関に供給する資金量（マネタリーベース）を、二年間で二倍にする（一二年末の一三八兆円から一四年末に二七〇兆円へ）。そのために、日銀による国債買い入れ額を月七兆円に増やし、年二〇兆円増から五〇兆円増にする、上場投資信託などリスク資産も買い増しするなどとなっている。

デフレは物価が継続的に低下する現象であるが、その原因としては三つのことが考えられる。ひとつは、需要と供給のバランスが崩れて、供給力に比べて需要が不足する。日本では、約一二兆円（一二年度、GDP比で二・五％）の需給ギャップがあると言われる。二つは、財やサービスの生産コスト（人件費など）が下がる。三つは、市場で流通する通貨量が実質の取引量に比べて不足する。デフレの原因を最初の二つに見出すのは、デフレが実体経済の停滞を反映しているという見方である。これに対して、デフレはあくまでも「貨幣的現象」であるという見方は、デフレの原因を三つ目の通貨量の不足に求める。これは、貨幣数量説に立つ見方である。

私たちは、前者の見方をとる。すなわち、日本でデフレが長引いてきた原因は、名目賃金が一〇数年にわたって下がり続けてきたことにある。(2) 民間労働者の平均給与は、ピーク時の月三七・一万

図５　民間労働者の平均年収の推移

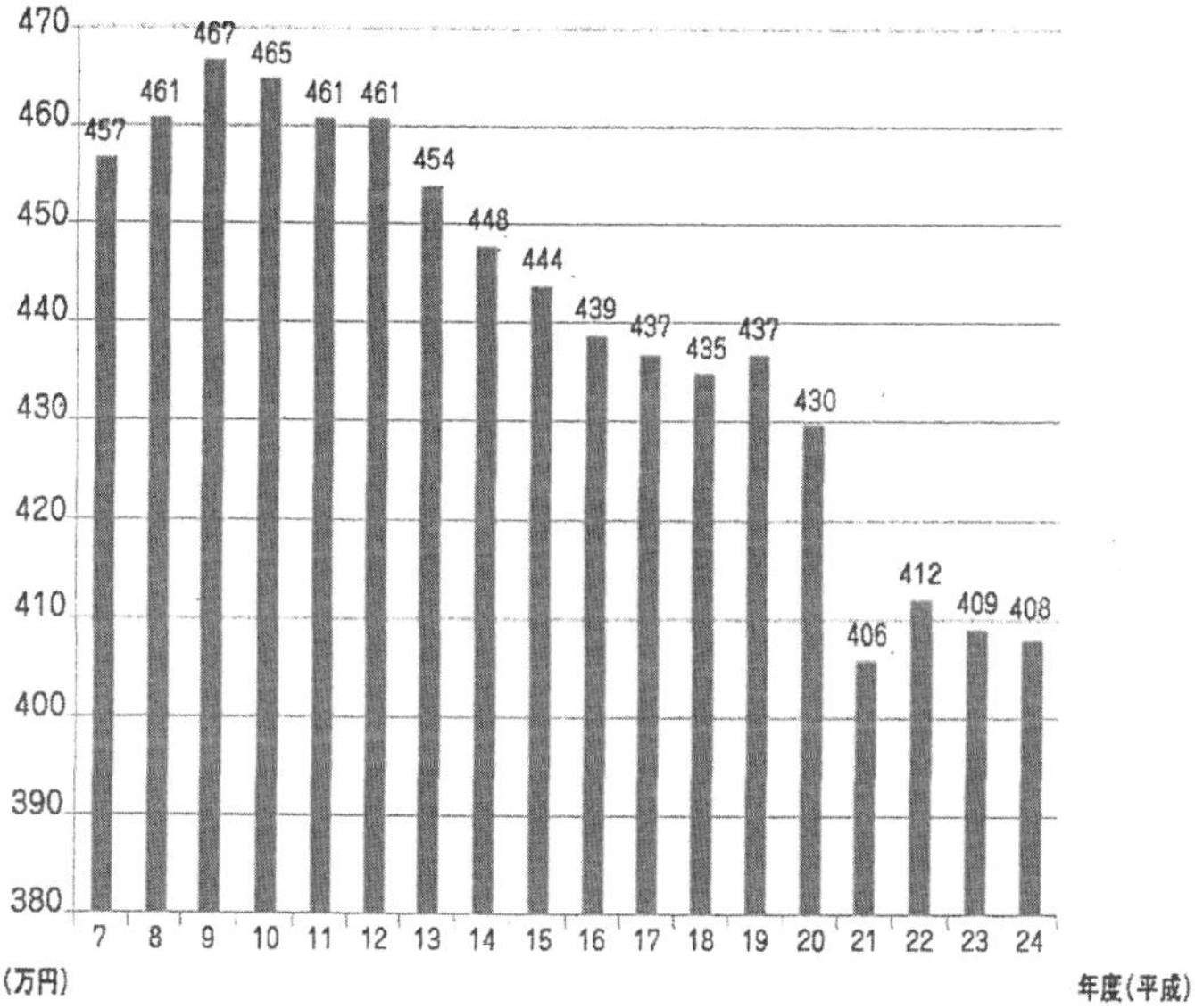

資料）国税庁　民間給与実態統計調査結果

出典）年収ラボ

円（九七年）から三一・四万円（一二年）に、年四六七万円から四〇八万円に低下した。民間企業が労働者に支払った給与総額は、二〇〇〇年の二一六兆円から二〇一〇年の一九四兆円へと、実に二二兆円も減っている。これだけ減れば、個人消費が縮小し、需要が減るのは当然であろう。

金融緩和でなぜデフレ脱却が可能なのか
――リフレ派の理論

無制限の金融緩和によってデフレ脱却ができると主張するエコノミストたちは、リフレ派と呼ばれ、アベノミクスのブレーンとなってきた。リフレ派は、デフレは貨幣的現象であるという見方に立ち、従来の政権や日銀が通貨の供給量を十分に増やさなかったことがデフレを招いた、と批判してきた。

それでは、なぜ金融緩和によってデフレ脱却が可能になるのか。

第一に、通貨供給量の増大は、インフレが進むという「期待」（予測）をつくりだす。インフレ予想が生まれると、実質金利（名目金利マイナス予想インフレ率）が下がり、実質の債務（借金）が減る。そうなると、企業は設備投資のための借入を増やすし、個人もローンを組んで買い物をする。また、貨幣の価値が下がるから、現金で持ったり預貯金をするよりもモノを早めに買うほうが得になる。こうして、消費支出が拡大すると、製品やサービスの生産も増大する。

第二に、債券市場や株式市場、不動産市場に大量の資金が流入し、資産価格が上昇する。資産価格の上昇は含み利益を増大させるから、投資や消費支出の拡大をもたらす。つまり、資産効果が働く。

第三に、円安が進む※から、製品輸出が増える。輸出向け企業の利益が回復し、その企業の労働者の賃金上昇につながっていく。それによって、消費支出も拡大する。

※為替レートはさまざまの原因によって変動するが、日本が金融緩和で通貨供給量を米国よりも高いテンポで増やすと円の価値が下がり、円が売られてドルが買われるから、円安・ドル高が進む

ここで、鍵を握っているのは、インフレが進むという期待（予想）の出現である。いいかえると、期待に働きかけて予想インフレ率を上昇させることが重要なのである。岩田規久男は、次のように述べている。

最も重要な要因は、予想インフレ率の変化である。

貨幣供給が増加して、金利が低下するとともに、予想インフレ率が上昇すれば、予想実質金利は低下する。そのため円安になる。予想実質金利の低下と円安は、住宅投資、企業設備投資及び輸出を増やす。これらの増加が長期的に続けば、実際にも、インフレになるであろう[3]。

金融緩和はすでに十分に行なわれてきた

しかし、金融緩和による景気回復というシナリオに対して、当初から批判が出されていた。金融緩和はすでに十分すぎるほど行われてきたが、景気回復への効果は産まなかった、という批判である。その通りである。

金融政策の基本は金利政策であるが、金利をこれ以下に下げられないゼロ金利政策が続けられてきた。そのため、日銀は、非伝統的とされる量的金融緩和政策（市中銀行から国債などを買い取って、代わりに通貨を供給する）を世界に先駆けて導入した。二〇一〇年一〇月には、物価上昇率一％の目標を設定し、その達成のために国債買い入れ基金を新たに設立。当初は三五兆円であった基金の枠組みは、一二年末には一一〇兆円にまで拡大され、実績も六八・五兆円になった。

このように、日銀は大量の通貨を供給してきたが、金融機関から先の実体経済（企業や個人）には資金が流れなかった。企業や個人の資金需要が乏しいために、銀行が貸し出し先を見つけるのに苦労する状況が続いてきた（国内の銀行の預金高と貸出金の差は、二〇〇三年の約一〇〇兆円から一二年の約二〇〇兆円へと倍増）。マネタリーベース（日銀から民間金融機関への通貨供給量）

は増えつづけても、マネーストック（金融機関からの貸し出しなどを通じて市場で流通する通貨量）はそれほど増えないという事態が起こっていたのだ。その結果、銀行はだぶついた資金を国債や地方債の購入に向けるか、日銀の当座預金口座に預けるしかなくなる（日銀の当座預金残高は、二〇〇八年の一〇兆円から一二年末には四〇兆円を越えた）。こうしたカネあまり状況を生んだ原因は、実体経済の停滞にある。すなわち、企業が有望な投資先を見出せず、個人も所得が伸びないために消費支出を抑えているからである。

リフレ派は、向けられた批判に対しては金融緩和が中途半端であった（二〇〇六年に量的金融緩和を一時的に中止した）から効果がなかったのだ、と反論する。したがって、従来に倍する通貨量を供給すれば、インフレ予想が人びとのなかで確かなものになり、デフレから抜け出せる、と言い張った。

しかし、実体経済への効果が乏しいまま無制限の金融緩和を続けた場合、物価が上昇しインフレが生じるとしても、それは賃金上昇・所得向上をともなわないインフレ（「悪いインフレ」）になる可能性が大きい。たとえば円安による石油や食料品の輸入価格の上昇は物価を押し上げるが、そのことは賃金上昇とそれによる消費支出の拡大にはつながらない。これが、リフレ派に対する批判の最も重要な点であった。安倍首相に抵抗したが押し切られて更迭された白川前日銀総裁の発言は、その代表的なものであった。

デフレ脱却とは単に物価だけが上昇することではない(4)。

国民が求めるデフレ脱却とは、雇用が確保されて賃金も上昇し、企業収益も増えてその結果として物価も上がっていく経済成長を実現することだ。(5)

「期待」（予想）が経済を動かす？

アベノミクスのキーワードは、「期待」（予想）である。二〇一三年六月に出された「成長戦略」のなかでも、第一と第二の矢によって「日本経済の先行きに対する『期待』がともるまでになった」、成長戦略によって「『期待』を『行動』に変えていく」と、述べられている。

「期待」（予想）がキーワードという意味は、市場参加者の期待（予想）に働きかけて経済を動かすということである。人びとの中にインフレになるという期待（予想）が生まれてはじめて、実際にデフレから脱却し景気が回復する。つまり、インフレ期待（予想）は自己実現する、というわけである。

期待（予想）に働きかけるという点で、金融政策が最も重視される。リフレ派の高橋洋一は、端的に述べている。

アベノミクスは、金融政策がすべてだといってもよい。そのキモは驚くほど簡単だ。一言でいえば、デフレ予想からインフレ予想への転換だ。人々のインフレ予想率を高めるわけだ。(6)

では、インフレ予想への転換は、どのようにして実体経済の活性化を引き起こすのか。岩田は、インフレ（貨幣価値の低下）予想がモノやサービスへの需要を増大させることを引き金にして生産と雇用が増え、賃金も上昇するという好循環が生じると説明している。

貨幣供給が増え続けて、モノとサービスに対する需要が増え続け、それに応じて生産と雇用が増え続ければ、……労働の需給が逼迫し、賃金を引き上げなければ、増産できない状況に至る。企業は賃金が上昇すると、その上昇分を価格に上乗せし……モノとサービスの価格が上がり始め、それにつれて、物価も上昇し始める。(7)

株価の上昇と実体経済

アベノミクスの下で現実の経済は、どのように動いてきたのか。

金融緩和がテコとなって生じた顕著な変化は、ひとつは円安によって自動車や電機などの輸出向け企業の利益が飛躍的に増大したことである。もうひとつは、株価が急激に上昇したことである。

輸出向け企業の利益の急増が賃金や雇用に良い影響を与えたかどうかは、後で検証しよう。株価の急上昇は、しかし、実体経済の回復、つまり賃金や雇用の改善、個人消費の拡大につながらなかった。この点について、リフレ派の安達誠司は、金融緩和は最初に資産市場（株や債券、為替の取引）に働きかけて効果を発揮する、それから遅れて実体経済（雇用や賃金、個人消費、設備投資）に影響を及ぼす、と述べている。

金融政策の変更は、まず資産価格（株価や為替レート）を変化させ、資産価格変更が実物市場に与える効果を通じて、最終的に実際のインフレ率へ波及していくという、段階的な波及経路を考えた方がよい。

消費支出や設備投資などの実体経済活動である「フロー」の経済活動と資産取引（株式や債券、不動産などの売買）である「ストック」の経済活動を峻別し、両者の関係に注意する必要がある。……。「ストック」の経済活動では、不特定多数の売り手、買い手が、各々の思惑をぶつけながら、日々、取引価格が決定される「流通市場」が成立し……価格の変動が大きい。その一方、消費支出や設備投資を行う際には財・サービスの価格がそれほど頻繁に改定されない……。そして、ストック市場における需給関係は、そのときの市場参加者の経済の先行きに対する見方（これが「予想」を形成する）で変化し、これが価格に反映される[10]。

安達が言うように、株や債券や不動産といった資産（ストック）市場では、「期待」（予想）や思惑が需給関係を変動させ、価格を大きく上下させる。金融緩和で資金を大量に供給してやれば、実体経済の動きとは相対的に独立して期待（予想）だけで株価（あるいは資産価格）は上昇しブームが出現する。そして、期待が少しでも萎めば、価格は急落する。日本の株価は半年間急上昇を続けた後、乱高下を繰り返すようになった。これが、アベノミクスの下で実際に起きたことである。

しかし、リフレ派は、資産市場での価格変動つまり株価の上昇が、タイムラグをともなって実体経済の活性化に波及すると、主張する。実質金利が、予想インフレ率の上昇にともなって低下すれば、企業は資金を借りて設備投資に踏み出し、人びとも住宅ローンを組んで住宅を購入するようになるだろう。予想インフレ率が上がれば、おカネの価値が下がり貯めておいても仕方がないから、モノを買うようになるだろう、と。

リフレ派が決定的に間違うのは、ここである。たしかに、資産価格の上昇は個人消費を活発にする効果をもち、株を所有する富裕層の人びとに高級時計や宝飾品など高額な商品の購入に向かわせた。しかし、それだけでは限界である。賃金がさっぱり上がらず、ガソリン・食用油・小麦・紙といった輸入される日用品が値上がりしている状況で、多くの人びとが消費支出を増やすだろうか。賃金が上がることを期待（予想）して消費支出をどんどん増やすようなお人好しは、いないはずだ。企業も、巨額の内部留保（二〇一四年三月で三〇四兆円）を抱えながら積極的に設備投資に踏み出すことにはいぜんとして慎重である。大企業は、むしろ海外企業のM＆A（合併・買収）に投資し長期保有株式を増やしている。

実体経済は、「期待」（予想）では動かなかったのである。

Ⅲ　賃上げによる「経済の好循環」は実現できるのか

安倍政権の賃上げ要請

株価上昇による資産効果で消費支出は増えたが、それは富裕層に限られていた。ふつうの人びとがインフレ期待（予想）で製品やサービスの購入に向かう行動は生じず、実質賃金が低下するなかで財布のヒモは締められたままであった。

当然にも、金融緩和主導のアベノミクスに対して、物価が上昇しても賃金が上がらなければ需要拡大による経済の本格的な回復はできない、という批判が勢いを増した。安倍政権もこの批判への対応を迫られ、〝賃上げによる経済の好循環の実現〟という論理を持ち出さざるをえなくなった。これは、リフレ派の理論の行き詰まりを認めたことでもあった。

安倍首相はすでに、二〇一三年二月に「産業界には、業績が改善している企業が報酬を引き上げることで、所得が増加していくよう、ご協力をお願いしたい」[9]と、異例の賃上げ要請をしていた。

しかし、ローソンなどが例外的に正社員の賃上げ（ベースアップ）を行なった以外は、業績が改善した企業もボーナスの増額をしただけであった。春の賃上げは実現せず、輸入品価格の上昇もあって一三年の実質賃金は〇・五％下がった。

安倍政権は、一四年四月の消費増税による物価のさらなる上昇を前にして、企業の利益増大を賃上げに還元して消費支出を増やすことで本格的な景気回復を達成するというシナリオを前面に押し出した。「デフレ脱却を確実にするには、賃金、雇用拡大を伴う好循環につなげられるかどうかが勝負どころ」（安倍、一三年九月二〇日）。「企業の収益の改善を賃金の引き上げで還元し、経済の好循環の実現に」（茂木経産相、同年一〇月一〇日）。

そこには、「悪いインフレ」の進行が、アベノミクスに対する「期待」を失望に転じさせることへの強い警戒が働いていた。アベノミクスへの期待は高いとはいえ、賃金や雇用の改善には必ずしも結びつかないのではないかという予感が、その裏側に貼りついていたからである（朝日新聞の二〇一三年八月の世論調査では、アベノミクスに「期待できる」が四六％、「期待できない」が三四％。アベノミクスが賃金や雇用が増えることに「結びつくと思う」が三五％に対して「そうは思わない」が四七％。なお、一四年六月の調査では「結びついていると思う」が二七％に減り、「そうは思わない」が五五％に増えている）。

リフレ派の本田悦郎は、率直に危惧を語っていた。

今はまだ所得が上がってくる前に、インフレ率が上がってきている。これは我々の想定の範囲内ですけれども、もう少し我慢していただければ、必ず物価上昇以上に所得が上がってきます……。でも所得が上がる前に消費税増税というコストを増やすと、これがまたコストプッシュ要因になる。合計で四％程度の物価上昇率は相当に大きい。国民から見れば、いつになったら所得が増えるんですか、「騙された」という意識になる。(10)

安倍政権は政労使会議を設置し、賃上げ促進の法人税減税を打ち出し、企業への賃上げ要請行脚を行なった。政労使会議では「賃金上昇を消費拡大につなげていく観点から、様々な対応を検討する」（一三年一二月二〇日）との合意を作り、一四年春には「官製春闘」と呼ばれるほど自民党政権としては異例の賃上げへの政府介入を試みたのである。

企業が利益を賃上げに還元する時代は過去のもの

こうなると、企業が増えた利益を内部留保ではなく賃上げに回すか否かが、景気回復の鍵を握ることになる。だが、このことは、安倍政権にとっては危険な賭けでもあり、大きなリスクを抱えることを意味する。

賃上げによる経済の好循環という論理は、リフレ派の理論ではなくケインズ主義の考え方である。ケインズ主義は、不況の原因は需要の不足にあるとして、有効需要の創出のための政策をとる。政府による公共事業もそのひとつだが、労働者に資本家との同権性を保障して賃金が上がれば、雇用者所得の増大による内需拡大の効果が生まれる、と考える。

これは、フォーディズム的好循環の考え方でもある。かつてフォード社は、低賃金で労働者を酷使する伝統的な発想を転換し、賃上げによって労働者を生産性の向上と自社製のクルマの購入へ誘導した。これをマクロ経済に適用すれば、賃上げによる内需拡大という路線になる。《企業の収益の増大　↓　労働者の賃金上昇　↓　消費支出の拡大＝内需拡大　↓　生産（設備投資）と雇用の拡大　↓　企業の収益の増大》という経済の好循環である。

この好循環ではトリックルダウン効果が働いている。すなわち、大企業の儲けが先行して大きくなれば、その利益が従業員、さらに中小企業にも滴り落ちる。トリックルダウン効果は、高度経済成長の時代には働いていて、全体の所得水準が上がった。利益を増やした企業が賃金を引き上げて経済の好循環につないでいくという安倍政権の方針は、トリックルダウン効果がうまく働くことを想定している。

しかし、フォーディズム的好循環やトリックルダウン効果は、国民経済の堅固な枠組みが成り立っていることを前提にしていた。グローバル化が進展し、この枠組みが崩れてくると、これらは働かなくなる。

二一世紀に入って、私たちは、企業の利益がいくら増えても、労働者の賃金はほとんど上がらないという新しい現実を見せつけられた。第2章でも触れたように、企業の経常利益は、二〇〇二年～〇七年の「戦後最長の景気回復期」やリーマン・ショック後の二〇一〇年～一二年にはいちじるしく増えた（〇一年の二八・二兆円から〇七年の五三・四兆円に、〇九年の三二・一兆円から一二年の四八・四兆円に）。しかし、労働者の賃金水準は、二〇〇一年の四五四万円から一二年の四〇八万円へ継続的に下落してきたのである（44ページの図3参照）。

その原因は、いうまでもなく低賃金の非正規雇用労働者の急増にあった。非正規雇用は二〇〇一年の一三六〇万人、全体の二七・二％から一八一三万人、三五・二％（一二年）にまで増えた。逆に、正規雇用は同じ時期に三六四〇万人から三三四〇万人へと、三〇〇万人も減っている。

経済が成長し企業の利益が増えていても、非正規雇用だけが拡大している。そういう時代に入った。それは、日本経済がグローバル市場競争のなかで勝ち抜こうとして、非正規雇用を増やし人件費を低く抑えこむからである。グローバル企業は、その利益を自国の労働者に還元する発想も余裕も失っているのだ。

図６　労働者全体に占める非正規雇用労働者の割合の推移
（1992 年〜2012 年）

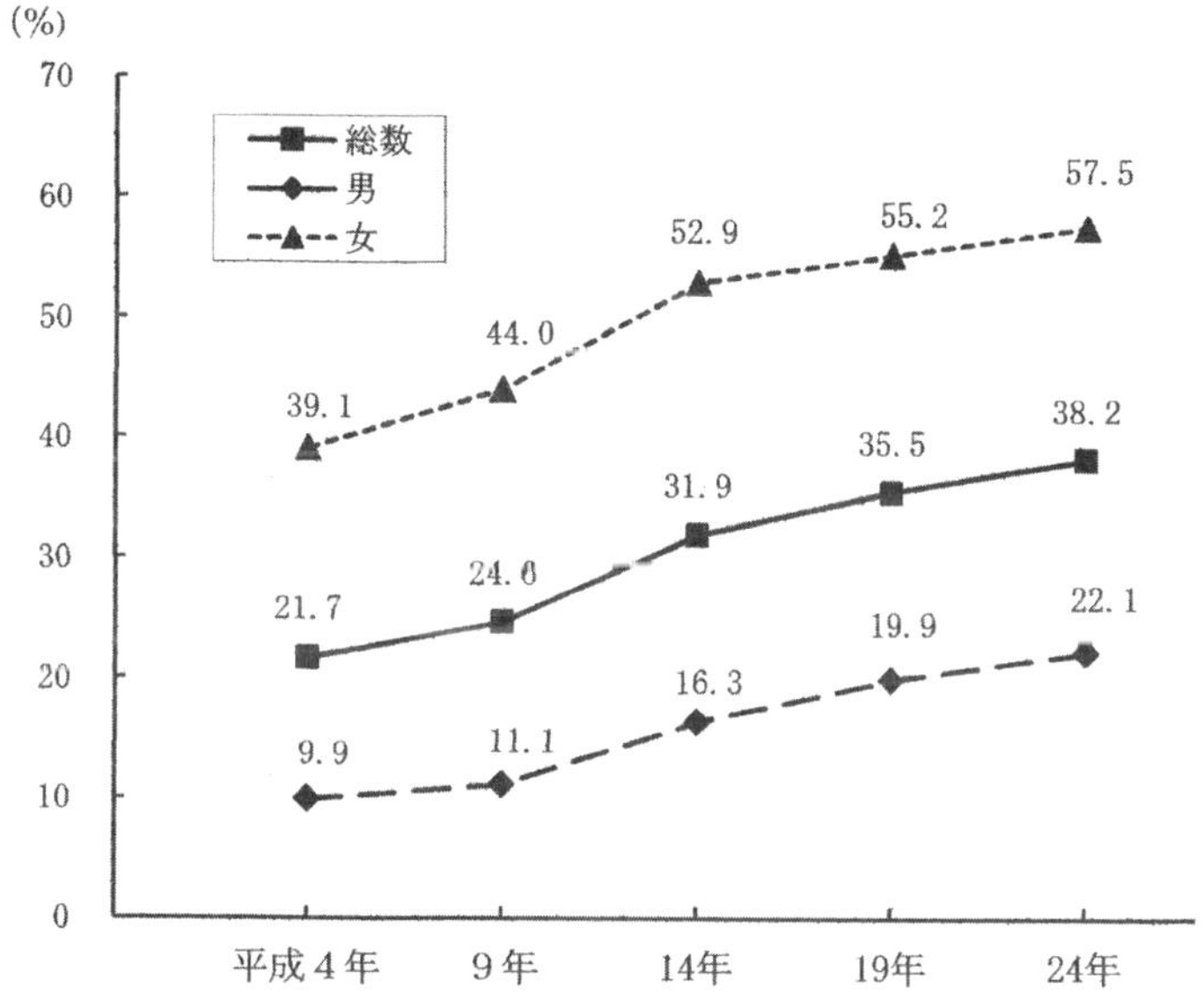

資料）平成 24 年就業構造基本調査結果
出典）総務省統計局ＨＰ

賃金は上がるのか？

それでは、アベノミクスの下で賃金は上がるのだろうか。

二〇一四年春には、トヨタや日立など自動車や電機の大手企業がベースアップに踏み切ったこともあり、大手企業の賃上げ（定期昇給プラスベースアップ）率は二・二八％（経団連の集計、昨年より〇・四五％増）と一五年ぶりに二％台になった。政権の強い賃上げ要請を無視できなかったことも要因の一つだが、人材を囲い込む必要性が働いたことが重要な要因になったと考えられる。

問題は、大企業の正社員の賃上げが労働者全体に波及していくのかということである。現在、非正規雇用の労働者は、全体の四割近くを占めるに至っている。非正規雇用労働者は、労働力調査によれば二〇一三年には一九〇六万人で全労働者の三六・六％を、就業構造調査によれば二〇一二年に二〇四三万人で三八・二％を占め、過去最高になっている。

雇用構造がこのように劇的に変化すると、大企業の正社員の賃金が上がっても、それが非正規雇用労働者の賃金（違う原理で決まる）には波及・連動せず、労働者全体の賃金水準は上がらない。

小売業や外食産業の分野では、人手不足からパートやアルバイトの時給を引き上げる動きが広がっている。しかし、グローバル市場競争にさらされている製造業を中心に、企業は非正規雇用労働者の時給を低く抑える姿勢を変えていない。そればかりか、アベノミクスの成長戦略は、労働市場の規制緩和を中心柱とし、派遣労働の常態化や正社員の非正規化（限定正社員の導入、解雇規制の撤廃など）といったあの手この手で非正規雇用の拡大を加速しようとしている。

また、労働者全体の七割が中小企業で、うち五割が従業員三〇人未満の小規模な事業所で働いている。こうした小さな企業は、消費増税分を価格に転化することが十分できず、賃上げをするゆとりがないところが圧倒的に多い。

したがって、業績が好調な大企業の正社員の賃金は上がっても、非正規雇用や中小企業の労働者の賃上げには波及しない可能性が大である。一四年春には、中小企業の賃上げ率は一・七八％と二％に届かず、非正社員の時給は一一・六四円増（前年より〇・〇六円増）にとどまった（連合の集計）。

消費者物価の上昇にはとても追いつけず、実質賃金はむしろ下がった。

こうなると、企業の利益増大を賃上げに還元して好循環につなげていくというアベノミクスは、躓かざるをえない。賃金上昇なきインフレの進行（実質賃金の継続的な低落）は、アベノミクスの第一のアキレス腱になる。

Ⅳ　バブルと財政危機

緩和マネーによる株バブル

景気回復ムードの演出の主役となり、アベノミクスへの期待を支えてきたのは、何といっても株価の急上昇であった。

その主要な要因は、海外投資家が日本株を大量に購入したことにある。海外投資家による日本株の買い越しは、二〇一三年の一年間で一五兆円と過去最大の金額に上り、取引全体の六割を占めたのである。

その背景には、ＦＲＢをはじめ先進国の中央銀行がリーマン・ショックとその後のユーロ危機に対応するために無制限の金融緩和（量的金融緩和）を行ってマネーを大量に供給し、世界中にマネーが溢れていることがある。これは、「緩和マネー」と呼ばれている。世界をかけめぐるドルの流通量（ワールドダラー）は、リーマン・ショック前の三倍にもなる六兆ドルに達している（二〇一二年）。

緩和マネーは、実体経済とは無関係に株や債券の資産市場に流れ込んでバブルをつくり出している。株式から国債へ、国債から株式へ、あるいは円からドルへ、ドルから円へとめまぐるしく資金が移動する。そのたびに株や為替相場の乱高下が起こり、金融市場が不安定になる。

日本の株高は、アベノミクスによるというよりも、それをきっかけとした緩和マネーの流入が引き起こした世界的なバブルの一環であった。しかし、この緩和マネーは逃げ足が速いので、いつ逃げ出すか分からない。海外投資家の思惑で流出の動きが起こると、株価が急落する。日本経済にも、株価の上昇と急落の不安定な反復がはっきり現われるようになった。

日経平均株価は、二〇一二年一一月には九千円台を割り込んでいたが、半年間でうなぎ上りに上昇し、一三年五月下旬には一万五六二七円に達した。しかし、そこから二千円近く急落し、一万二〇〇〇円台に落ち込んだ。その後は再び上昇し、一三年末には一万六〇〇〇円台を突破し、一四年には二万円台に乗ると調子のよい期待さえ生まれていた。ところが、二月初めには二千円以上も急落し、その後も上昇と下落を繰り返し、一万四〇〇〇円台で低迷している(四月現在)。二月の株価急落のきっかけは、米国が量的金融緩和の縮小を始めたことだが、それは世界的には新興国からの緩和マネーの流出を引き起こした。新興国は、マネー流出による通貨安(アルゼンチンのペソなど)と株安とインフレに見舞われた。

株価が低迷するなかで、安倍政権は株価を押し上げるための策を弄しはじめている。一四年六月の改訂版「成長戦略」は、株価対策がメインである。ひとつは、公的年金の巨額の積立金を運用しているJPIFに、ハイリスク・ハイリターンの株式での資金運用を増やすように仕向けている。もうひとつは、成長戦略による雇用の規制緩和を前面に押し出して、外国人投資家の投資を再度呼び込もうとしている。なりふり構わず株価対策に躍起とならざるをえないのである。

景気回復ムードの主役である株価の上昇が緩和マネーの動きに支えられているかぎり、アベノミクスはたえず株価の乱高下に見舞われるというリスクを抱えている。それは、経済の動きをいっそう不安定なものにする。緩和マネーの激しい動きによるバブルとその崩壊の可能性は、アベノミクスの第二のアキレス腱である。

加速する財政危機

安倍政権が「異次元の金融緩和」に乗り出したのには、もうひとつの隠された狙いがあった。それは、「第二の矢」である財政出動、つまり公共事業の大盤ふるまいのための国債発行を支えることである。

日本の財政は九〇年代以降、新自由主義的な減税政策によって所得税と法人税の税収が大きく落ち込み、国債発行に依存しつづけてきた（二〇一〇年～一三年度は歳入の五割弱）。その結果、巨額の政府債務を抱えこむことになった。「国の借金」（国債、借入金、短期債務の合計）は、二〇〇〇年六月の五〇〇兆円から一四年三月には一〇二四兆円と、ついに一千兆円を突破した。「国と地方を合わせた長期債務残高」は、一九九八年度末の五五三兆円、対ＧＤＰ比一〇八％から一三年度末には九八〇兆円（見込み）、対ＧＤＰ比二〇二％にまで膨らんだ。

数字上では、政府債務の対ＧＤＰ比一四二％で財政破綻したギリシャをはるかに上回る状況にもかかわらず、現在のところ国債価格の暴落と長期金利の急騰という事態は回避されている。その理由は、国債の九二％が国内で消化されている、個人の純金融資産が一一〇〇兆円もある、日本の租税負担率が一六・三％（政府の租税収入の対GDP比、二〇一〇年）といちじるしく低く増税の余地があると見なされている、といったことによる。しかし、いつ危機が表面化してもおかしくない財政破たん状態にある。

一方では、高齢化の進行や貧困の拡大にともなって社会保障給付費が膨らみつづけることも避けられない。したがって、国債発行への依存をできるかぎり減らしながら、公正な税制による増税に踏み切ることが求められている。すなわち、所得税の累進性を再強化する、金融所得への課税を重くする、法人税の課税ベースを拡大する、グローバル・タックスを導入する、相続税を抜本的に強化する、環境税を導入する、逆進性解消の措置を入れて消費税率を引き上げるなどである。そして、公共事業費のいっそうの削減、軍事費の抜本的な削減といった財政支出の効率化を進めることも必要になる。

しかし、安倍政権は、「防災・減災」による「国土強靭化」の名の下に大型公共事業の復活に乗り出してきた。整備新幹線、高速道路の未開通区間の建設、八ッ場ダムなどに加え、二〇二〇年東京オリンピックに向けての首都圏のインフラ整備などが目白押しである。一三年度と一四年度の補正予算の中心は、いずれも公共事業費である。一三年度に続いて一四年度の政府予算でも、公共事業費の伸び（前年度比一二・九％増）が目立つ。

こうした公共事業のための財源は、国債の増発に求められている。安倍政権は、消費税率三％引き上げによる税収の増大（八・一兆円、一四年度は五・一兆円）が見込めるなかで、法人税の減税（特別復興法人税の前倒し廃止などで二兆円の税収減になる）を行ない、公共事業費を増やす。これによって、相変わらず国債発行に頼り続けようとする。それは、政府債務をさらに膨らませ、将来世代に巨大な重荷を負わせる。

「財政健全化」は絶望的

これからも国債発行に依存する路線を続けようとすれば、増発される大量の国債がいかにして消化されるかが問題になる。ここで、「異次元の金融緩和」政策の出番となる。

政府が発行した国債を日銀が直接に買い取って資金を供給すること（直接引き受け）は、国債増発にまったく歯止めがかからないから、財政法によって禁じられている。国債は、市場の消化能力、つまり民間の金融機関や個人が購入できる額を越えては発行できない。日銀は、市場で流通している既発の国債しか買い取れない。自ずと国債発行に歯止めがかかっているわけである。

しかし、政府が事前に新規発行の国債を日銀に全額買わせると明言すれば、市場は国債をいくらでも消化する。なぜなら、買った国債を日銀に売却すればよいからである。民間金融機関がいったん国債を買っても、その国債を日銀が無制限に買い取るのであれば、日銀による直接引き受けと同じ効果になる。「無制限の金融緩和」とは、そういう政策なのである。だから、これは、金融政策に名を借りて、財政赤字を穴埋めするための「財政ファイナンス」にほかならない。この政策は、財政赤字をますます膨らませ、「財政健全化」への疑念を強める。

安倍政権の財政再建方針では、プライマリーバランス（基礎的財政収支※）の赤字を対ＧＤＰ比六・

六％（二〇一〇年度）から一五年度に三・三％に半減し、二〇年度にゼロにする。金額で言うと、一三年度の赤字二三兆円を一五年度に赤字一五兆円まで八兆円減らし、二〇年度に黒字にする、という。

※政策的経費（歳出のうち国債費を除いた分）を税収でどれだけ賄えているかという指標

しかし、二〇年度の黒字化達成のためには、消費税率をさらに引き上げて一五％にする必要があると言われているが、それは絶望的である。まして、安倍首相は法人税率の引き下げに前のめりになっている。消費税率を三％引き上げて約八兆円の税収増をする一方で、法人税については一五年度から税率を五％引き下げ四兆円の大幅な減税をしようとしている（減収分を、租税特別措置や欠損金の繰越控除制度の見直しなど課税ベースの拡大でカバーすると言っているが、決まっていない）。

消費増税を行ないながら、法人税減税を進める。この矛盾した政策を正当化するのは、法人税減税が経済成長を復活させるテコになるという論理である。法人税減税は企業利益を増大させるが、企業がそれを賃上げに還元すれば消費が拡大し、生産と設備投資も増え、経済の好循環につながるはずだ、と。また、法人税減税は海外からの投資を呼び込み、生産と雇用の拡大を生むはずだ、と。

結局のところ、アベノミクスは、財政再建の決め手を高い経済成長（名目三％、実質二％以上）の復活に求めている。二〇年度のプライマリーバランスの黒字化の目標も、現在の潜在的成長率〇・八％が、二〇年度までに二・四％に高まるという非現実的な想定の上に立っている。安倍首相はもともと、名目成長率が長期金利を上回る水準にまで高まれば、税収も増え、政府の累積債務の対G

ＤＰ比も低下する。つまり増税なしに経済成長によって財政再建は可能である、と主張する「上げ潮」派に属する。だから、成長促進の法人税減税以外の抜本的な税制改革には意欲が乏しく、公正な税制改革による増税には消極的なのだ。

しかし、名目成長率が三％を越えた年は、一九九〇年代以降は一度もない。かつて四％台だった潜在的成長率は、いまや一％を切っている。人口減少が進行するなかで高い経済成長は、幻想にすぎない。

財政赤字の縮減が進まず、政府債務の対ＧＤＰ比が小さくならないと、「財政健全化」への本気度が疑われ、日本国債への信認が揺らぎ、長期金利の上昇を招くリスクが高まる。長期金利が上昇すれば、国債の利払いが急増し、財政危機に拍車をかけることになる。東京オリンピックの年である二〇二〇年は、プライマリーバランスの黒字化という「国際公約」の達成が問われる年でもある。その不履行は間違いなく、財政危機を表面化させる。

「財政健全化」の立ち往生は、アベノミクスの三つ目のアキレス腱になる。

Ｖ　成長戦略ではなく、脱成長戦略を

アベノミクスをめぐる見かけ上の対立

アベノミクスは結局のところ、経済成長がすべての問題を解決するという経済成長主義の神話に行き着く。

経済成長の主役は企業であるから、経済成長とは何よりも企業の成長のことであり、それを後押しすることが最も重要とされる。したがって、「世界で一番企業が活動しやすい」（二〇一二年総選挙での自民党の政権公約）環境をつくる必要がある、ということになる。これが、アベノミクスの「第三の矢」である「成長戦略」である。

アベノミクスの登場以来、エコノミストのなかでは当初から批判が強かった。批判の多くは、金融緩和や財政出動に頼るだけではデフレ不況から抜け出せず、実体経済の改善が必要不可欠である。そのためには、「成長戦略」を実行しなければならない、というものであった。[11]

たしかに、金融緩和や財政出動に頼る経済政策は、「悪いインフレ」（実質賃金の切り下げ）や財政赤字のいっそうの拡大をもたらすだけである。その意味で、賃金と雇用の改善をともなう実体経済の改善が必要だという主張は、間違っていない。

しかし、その処方箋として持ち出されるのはほとんど、規制緩和を軸にした成長戦略なのだ。いま問われているのは、もはや経済成長が望めない時代にあって安心して生活できるだけの所得と質の良い雇用の確保をいかにして実現できるかという新しい道である。にもかかわらず、賃金と雇用の保障のためには経済成長が必要であるという従来の発想がむし返されるのである。

規制緩和を中軸にした成長戦略は、新自由主義（ネオリベラリズム）に立って経済構造の改革を進めようとする。しかし、リフレ派（金融政策の重視）と新自由主義派（構造改革の重視）の対立は、見かけ上の対立にすぎない。いずれも、経済成長をめざし、国際競争力の向上を目標とする点ではまったく同じなのである。

しかも、アベノミクスは、小泉「構造改革」のように新自由主義＝市場原理主義にもとづく論理的一貫性のある経済政策ではない。「三本の矢」なるものも、リフレ派（無制限の量的金融緩和の推進）、ケインズ主義（財政出動＝公共事業による景気回復）、新自由主義（規制緩和を中心とする成長戦略）をてんこ盛りで寄せ集めたものである。ごった煮が特徴で、それぞれの政策の間に論理的な整合性などなくてもよい、「三本の矢」のどれかが当たればよいというご都合主義がアベノミクスなのだ。

だとすれば、アベノミクスへの真正面からの批判と対案は、経済成長主義と決別する立場から脱成長の戦略を対置する以外にはありえないだろう。(12)

成長戦略――規制緩和が中軸

アベノミクスの「成長戦略」（一三年六月に閣議決定、一四年六月に改訂）は、目標として今後一〇年平均で名目ＧＤＰ成長率三％、実質ＧＤＰ成長率二％の経済成長をめざす。そこでは、二〇二〇年までにインフラ輸出の三倍化、外国企業の対日直接投資残高の倍増、女性の就業率の五％引き上げ、医療関連産業を一二兆円に拡大、介護関連産業を九兆円に拡大など、やたらと多くの数値目標が並べられている。

「成長戦略」の中心柱は、法人税率の引き下げ、ＴＰＰ参加、そして規制緩和の全面的な推進である。規制緩和の焦点は、「岩盤規制」と呼ばれる農業と医療と雇用（労働市場）である。

農業と医療は、小泉「構造改革」が手をつけられなかった分野である。ＴＰＰ参加をテコにして、この分野で一気に規制緩和を進めることが目論まれている。具体的には、株式会社による農地取得を可能にし、農業への企業参入を促進する。高額な保険外診療の拡大につながる混合診療の全面解禁を進める。これによって、海外企業を含む内外の企業が大きな利益を稼ぎだせる新たなビジネス・チャンスを提供しようというわけである。

ＴＰＰ参加は、農産物輸入の関税撤廃によって中山間地や小規模の農家に壊滅的な打撃を与える。だが、参加推進派は、これを好機として農地の集約を進め、コメの輸出をはじめ農業の輸出産業化を図るべきだと主張している（「成長戦略」では、現在四五〇〇億円の農産物輸出を二〇年までに一兆円に、三〇年までに五兆円に増やすという目標を掲げている）。それは、企業の農業参入に道を開くことに結びつく。また、医療分野では、保険市場への米国企業の参入の自由化が焦点になるが、これも公的医療保険制度の縮小、保険外診療の拡大によって高額な医療サービスや医薬品を提供して利益を稼ぐ医療のビジネス化につながる。

そして、雇用の分野では、労働者保護のための規制を取り払うメニューがずらりと用意されている。

まずは、派遣労働の期限と職種の限定をなくし、人を入れ替えさえすればあらゆる職種で派遣労働を期限なしに使うことができるようにする。派遣労働の「例外」から「常態」への転換である（労働者派遣法の改定）。民主党政権下ではワーキングプアの急増への対策として、派遣労働の制限（日雇い派遣の禁止など）に踏み出そうとしたが、これを逆転させるわけである。また、勤務地や職務を限定した「限定正社員」モデルを導入し、解雇しやすい正社員を増やす。さらに、正社員の解雇規制を緩和・撤廃して、金銭解決による解雇のルールを導入する。第一次安倍政権下で挫折したホワイトカラー・エグゼンプションを再び持ち出し、残業代を払わずに働かせる対象者を一般社員にまで広げる。

分かりやすく言えば、正社員をどんどん非正社員に置き換える。同時に正社員を非正社員に近づける。労働者全体の非正規雇用化を（少数の管理・開発部門の正社員を除いて）進めようとする。安倍首相は、これを「自由な働き方」とか「多様な働き方」の拡大だと吹聴している。

しかし、セーフティネット（失業した労働者の生活保障、再就職のための職業訓練など）の本格的な構築も、正規と非正規の労働者の均等待遇の義務付けもしないいまま、労働市場の流動化だけを推進すれば、いつでも仕事を失う恐れのある低賃金労働者が増えるだけだ。労働者に「自由な働き方」ではなく、企業に「自由な働かせ方」を許容することによって、海外企業の日本への呼び込みを含めて、企業の投資を活性化しようというわけである。

こうした規制緩和の狙いは、「国家戦略特区」の設立によく現われている。安倍政権は、全国六つの地域を指定し、農業や医療や雇用の分野での規制緩和の先行実施に乗り出そうとしている。そこには、たとえば農地の転売許可を農業委員会ではなく市町村が実施できる、外国人医師の業務を解禁したり未承認の医薬品の使用を認める、グローバル企業による雇用促進のために雇用条件（金銭解決による解雇など）を明示する、といった特例が含まれている。

さすがに解雇規制の撤廃といったことまでは認められていないが、「国家戦略特区」が規制緩和の突破口に位置付けられている。

成長なき時代の成長戦略の暴力性

アベノミクスの「成長戦略」は、「成長なき時代」に成長を無理やり追いかけようとする試みである。もちろん、年によってはGDP成長率がプラスになったり景気が回復することはありうる。だが、第1章で見たように、人口減少社会に入った日本では、名目三％の成長率が持続するような経済成長の条件は失われている。

経済成長が過去のものとなった時代に成長を追い求めることは、何をもたらすか。経済成長の幻想を追いかけて、夢から覚めて落胆に行き着くだけではない。それは、社会のなかで弱い立場に置かれている人びとに重い負担と犠牲を強いることになる。規制緩和を軸とする成長戦略は、企業には「稼ぐ」チャンスを、労働者には不安定な雇用を提供する。つまり、労働者を裸のまま労働市場に投げ入れる。それは、相も変わらず人間を使い捨てる経済のあり方を続けることにほかならない。

人口が減り労働力不足が顕在化する時代には、一人ひとりの労働者の人間としての価値も、労働力としての価値も高まるはずだ。すでに企業のなかには、人材確保のために従来の使い捨て路線を見直し、契約社員を正社員化する動きも始まっている。人間の尊厳を取り戻し、自由な時間をもち、高い知識と技能また多様な能力を身につけた人材を育て上げることが求められている。それは、経済成長主義から脱却し、脱成長に向かって大胆に転轍していくことによってはじめて可能となる。

株バブルと成長幻想に酔っていれば、悲惨な地獄に行き着く。アベノミクスの道連れになることは、御免こうむりたい。オルタナティブは、脱成長戦略である。その中心は、ローカルからの循環型経済とシェアする経済、つまり富の公正な分配である。

とりあえず、必要な政策は、次のことである。

（１）非正規雇用労働者に生活できるだけの賃金を保障して、すべての労働者に生活の安心と安定をもたらす。賃上げ一般ではなく、非正規の労働者の時給の大幅な引き上げこそ、最大のポイントである。そのためにも、同一労働同一賃金の原則に立って正社員と非正社員の不当な格差をなくすこと（均等待遇）を企業に義務づける。

（２）円安に浮かれて自動車や電機製品の輸出に主導された経済成長という路線に戻らずに、地域内循環型経済をベースにした経済に組み換えていく。

（３）そこへ向かって、脱原発を強力に推進し、環境・再生可能エネルギー、農業と食、ケア（医療・介護）・子育て・教育の分野に民間と公的の資金を投入し、雇用を創出していく。

（４）公正な税負担の増大によって、医療・介護・子育て・教育と住まいの公共サービスを拡充する。

（５）ＴＰＰ参加をやめ、「自由貿易の原則」ではなく「公正な貿易の原則」や食料主権の原則に立った貿易と経済協力の関係を構築する。金融取引税の導入などグローバル・タックスの実行によって金融資本主義を規制する。

註

１　二〇一四年一月二四日の安倍首相の施政方針演説

２　この点は、吉川洋が『デフレーション』（日本経済新聞社、二〇一三年）で明快に指摘している

３　岩田規久男『デフレと超円高』（講談社現代新書、二〇一一年）

4　白川方明日銀総裁の二〇一二年一一月二〇日の記者会見
5　同、二〇一二年一二月二八日の記者会見
6　高橋洋一「アベノミクスがまだわからない人へ」（「DAIMOND online」二〇一三年四月一八日）
7　岩田、前掲
8　安達誠司「金融政策はストック市場からどのように波及するか」（岩田・浜田・原田編『リフレが日本経済を復活させる』中央経済社、二〇一三年）
9　二〇一三年二月五日の安倍首相の経済財政諮問会議での発言
10　本田悦郎「消費税増税の実施はデフレ脱却を第一に」（「DAIMOND online」二〇一三年八月二九日）
11　金融・財政政策主導のアベノミクスへの批判は鋭く的確であるが、規制緩和を軸にした成長戦略の実行を主張する見解の代表的なものは、野口悠紀雄『虚構のアベノミクス』（ダイヤモンド社、二〇一三年）である。
12　この視点からの批判としては、拙稿「アベノミクスを徹底批判する」（『テオリア』第六号、二〇一三年三月一〇日）を参照されたい。

（書き下ろし）

第Ⅱ部　ポスト3・11の社会運動

第1章　現代世界の民衆運動――特徴と課題

1　世界で湧き起こる民衆の直接行動

ここ数年、世界中でデモ・座り込み・占拠といった民衆の直接行動が大規模に噴き出している。節目になった二〇一一年以降の代表的なものを挙げてみよう。

まず、二〇一〇年末から翌年春にかけて「アラブの春」が出現した。チュニジアの「ジャスミン革命」に踵を接して、エジプトでは一一年一月二五日に独裁者ムバラク大統領の辞任を求めるデモが始まった。秘密警察の監視網をかいくぐったデモの組織化には、フェイスブックが威力を発揮した。カイロのタハリール広場に座り込んでいた数千人の市民を治安部隊が強制排除。二八日には市民と治安部隊が衝突し、六百人以上が犠牲になった。二月一日には、二〇〇万人の市民がタハリール広場に集結し、軍は中立を宣言。四日、デモ参加者は百万人を越え、ムバラクは一一日に退陣を表明した。一八日間続いた非暴力のデモは、三〇年に及ぶ独裁政権を倒した。

その年の五月一五日、スペインでマドリードのプエルタ・デル・ソル広場を占拠する行動が出現した。この「占拠」運動は、警察による強制排除をきっかけにスペイン全土の都市に「インディグナドス（怒れる者たち）」の運動として広がった。「アラブの春」の衝撃を受けて若者たちが立ち上がったのである。

スペインの行動は、資本主義世界システムの中枢部に伝播した。九月一七日、「ウォール街を占拠せよ」の運動が始まった。呼びかけたのは雑誌「アドバスター」の編集人カレ・ラースンだが、「私たちは99％」を掲げた運動はたちまち全米四〇州に広がった。ウォール街の公園占拠は、二カ月にわたって持続した。一〇月一五日、「１％」による富の独占に抗議し「占拠」を合言葉にした行動が、八二カ国九五一都市で組織された。

南ヨーロッパでは、ユーロ危機の犠牲を民衆に押しつける緊縮財政政策に抗議するスト・デモ・暴動が、間断なく展開された。一〇月一九日のアテネのデモには一二万人が参加し、ゼネストが決行され、すべての交通機関はストップし、商店はシャッターを下ろした。抗議行動はやむことなく、翌一二年の九月にもギリシャで二大労組がゼネストに入り、アテネで九万人のデモが行なわれた。ポルトガルでも、全土で数十万人規模の抗議行動が繰り広げられた。一一月には、ギリシャ・スペイン・ポルトガルで同時にゼネストが決行された。緊縮財政政策をとっているイギリスでも、一一年八月に警察官による地元住民射殺をきっかけにしてロンドンで次々に暴動が発生し、バーミンガムやリバプールに飛び火した。

ドイツでは一一年三月二六日、３・11の福島原発事故をきっかけにしていちはやく二五万人の脱原発デモが組織された。日本でも、すこし遅れてだがようやく脱原発の大衆的な行動が甦った。6・11全国アクション、9・19の六万人集会、経産省前テント広場の運動が組織された。一二年に入ると大飯原発再稼動に対して現地での阻止行動が組まれ、三百人から始まった官邸前行動は夏には一〇万人に膨れ上がり、7・16集会には史上最大の一七万人が参加した。脱原発の直接行動は、中国でも一三年七月に広東市江門鶴山市で核燃料工場の建設に反対するデモ（「散歩」）が呼びかけられ、三日間続いた一千人のデモが計画を中止させた。

一三年には、トルコとブラジルで大きな反政府デモが起きた。トルコでは、イスタンブールのタクスィム広場の緑地を取り壊す再開発計画に反対して、たった四人が始めた行動が五月二七日には数千人のデモに発展。警察が催涙ガスや放水砲を使って弾圧したため負傷者が続出し、エルドアン政権に対する市民の不満が爆発。六月二日までにデモは六七都市に波及した。市民はタクスィム広場で静かに立ち並んで反政府の姿勢を示す「沈黙の抗議」に出たが、政権側が強制排除したため、六月二二日にもイスタンブールで数千人のデモと警官隊が衝突した。

ブラジルでは、六月二日にサンパウロで公共交通の運賃値上げに抗議するデモが起こった。これに警官隊がゴム弾を撃ち込んだことが市民の怒りを買い、一七日にはリオデジャネイロの十万人をはじめ各都市にデモが広がった。六月二〇日には、百以上の都市で二百万人が参加するデモが行われ、ルセフ政権は運賃値上げを撤回した。しかし、反政府デモは、一四年のサッカーワールドカップのスタジアム建設に巨額の予算が投入されていることにも鉾先を向けた。折から開催中のＦＩＦＡコンフェデレーションズカップに対して、「誰のためのコンフェデ杯？」を掲げた五千人のデモが行なわれた。デモは、ワールドカップ開催期間中も繰り返し行われ、世界の人びとにアピールした。

台湾では、一四年三月に中国とのサービス貿易協定に反対して学生たちが立法院を占拠。この行動に共感し馬英九政権に抗議する市民三五万人が、三月三〇日に黒い服を着て総統府を包囲した。

2　民衆運動の現代的特徴

これらの直接行動は、課題や要求も異なり発生の要因や条件も違うが、次のような際立った特徴をもっている。

第一に、特定の中心や指導部が存在せず（イニシアティブをとったグループや個人は存在するが）、多様な個人やグループの柔軟で水平的なつながりによって運動が展開されている。第二に、フェイスブックなどインターネットを自在に駆使し、行動の呼びかけや情報を多くの人びとに発信し、大きな共感を呼び起こし、巨万の動員を成功させている。第三に、非暴力に徹する大衆的な直接行動を繰り広げている。それによって、多くの犠牲者や逮捕者が出るとはいえ、国家権力の正統性を剥ぎとり広範な社会的共感を獲得している。

これらは反グローバリゼーション運動にも見られる特徴であるが、現在の運動の新しい特徴として「占拠」（公園などの）という行動形態を挙げることができる。オキュパイ運動に典型的に見られるが、広場を占拠することによって、自治的な公共空間を創出し、全員参加の討議と共同生活を持続的に組織する。「占拠」は、特定の日を決めた大きなデモや集会を越えて運動に持続性を与え、参加者が「共同体」的自治（食べ物提供、清掃、医療、ネット中継、防衛などの役割分担にもとづく）を実験することを可能にしている[1]。エジプトのタハリール広場の占拠も、食料配給所や救護所が設けられ、ごみも捨てずスリや痴漢もいない見事な自由・自治の空間（「タハリール共和国」）を創りだした[2]。

世界的な直接行動の噴出は、社会的な閉塞状況に対する若者の異議申し立てでもある。高い失業率、劣悪な非正規雇用の増大はいずれの国でも若者に集中し、若者から希望を奪っている。また、既成政党は、若者の関心や利害から最も遠い位置にある。こうした閉塞感が、これを自ら打ち破る行動に若者を駆り立てている。一九六八年の世界的な若者の反乱は、高度経済成長下の「豊かな社会」(「管理社会」)での「疎外」状況に対する異議申し立てであった。現在の若者の反乱は、ポスト経済成長下の失業・貧困・格差社会での「閉塞」状況に対する抵抗と告発である。ただし、ブラジル・トルコなど新興国の反政府デモは、先進国のポスト成長社会の状況とは違って、急速な経済成長の過程で必然的に生まれたひずみ(成長の果実の不公正な分配)に対する抗議という性格が強い。

そして、独裁政権ではなく議会制民主主義が存在している国でも、既存の政治代表システム(政党や議会)は、人びとの要求を吸い上げたり意思を反映する機能を失っている。人びとは、自らの要求や意思を議会外の直接行動によって表現するしかないのである。

時計の針を少しだけ前に戻すと、一九九九年のシアトルでのWTO閣僚会議に抗議する五万人の直接行動が起点となって、反グローバリゼーションの運動が出現した。この運動は、新自由主義(ネオリベ)的なグローバリゼーションを推進する国際権力機関(IMF、世銀、WTO、サミット)を標的にした大規模な直接行動を展開した。たとえば二〇〇一年のジェノバのサミットを三〇万人のデモで包囲した。この運動は、NGOのロビー活動の枠を突破して非暴力直接行動の形態をとり、異なる分野の運動や団体が連合する共同行動を、しかも国境を越えて実現してきた。また、世界社会フォーラム(WSF)という討論と交流の場を生みだした。そのなかから、「もうひとつの世界は可能だ!」というスローガンが表わすように、ネオリベ的資本主義に代わるオルタナティブの獲得への志向が共有されてきた。

世界各地で湧き起っている現在の直接行動は、新自由主義に反対する反グローバリゼーション運動との連続性や共通性をもつが、多様な課題や違った標的をもって多発していて一括りにできないのが特徴である（軍部独裁政権を倒す民主化から富の独占に対する告発まで）。そして、何よりも二〇〇八年のリーマン・ショックで顕在化した資本主義の歴史的危機および米国の覇権の凋落という現代世界の新しい歴史的局面に向き合って出現している。

後者の性格は、世界システムの中枢部・ウォール街に登場したオキュパイ運動が鮮やかに例示している。この運動は、（1）ひと握りの富裕層（「1％」）による富と権力の独占、所得の極端な格差、経済危機の犠牲の「99％」への押しつけに異議申し立てをする、（2）「99％」が政治的決定から排除されている現状を変え、自己決定と自治を取り戻す、という二つの性格を合わせもっていた。したがって、この対抗運動は、現在の経済・政治・社会システムそのものを標的とする、つまり「体制」そのものを問題にし、変革の対象にする。そして、このシステム＝「体制」は、運動によって「資本主義」と名指されている。

この対抗運動は、一九六八年以降に環境・反原発・フェミニズム・人権などのシングル・イシュー型運動が噴出した時代の民衆運動とは、明らかに異なる。すなわち、貧困や格差を問題にし資本主義という「体制」を標的にしつつある点で、古典的な階級闘争の復権という面をもつ。同時に、運動のなかで共同体（コミュニティ）的自治を実験し、多様性を尊重する人びとの水平的なネットワークを創出しようとする点で、古典的な階級闘争（左翼政党と労働組合が中心）とはまったく異なる。

それは、「国家権力をとらない社会変革」をめざす自治的なシングル・イシュー型の運動の特質を引き継いでいる。

このように、現在の民衆運動はその最先端では、現存の「体制」そのものを問題にする全体性（政治の復権）と同時に、コミュニティ的自治、多様で柔軟で水平的なネットワークという主体のあり方を獲得しつつある。リーマン・ショックを転換点にして、資本主義に対抗する民衆運動の新しい時代が始まりつつある、と言える。

このことをいち早く感じとったのは、「1％」の支配エリートたちであった。二〇一二年一月のダボス会議で、オキュパイ運動に強い衝撃を受けた彼らは、金融危機の解決が長引くと社会不安が高まり市場経済への懐疑や不信が広がるという危機意識をこもごもに表明した。そして、資本主義のあり方を変える必要性を論じたのである。

3　現代世界の危機の三つの位相——人びとは何とたたかっているのか

同時代性をもって世界に登場している民衆運動は、いったい、何と、あるいは誰とたたかっているのか。新自由主義的なグローバリゼーション、あるいは資本主義そのものとたたかっているという言い方は、間違いではないが抽象的すぎて、多くのものを取り落としてしまう、と私には思われる。

いま少し、現在の世界システムの特徴を見ておこう。それは、異なる三つの位相の歴史的危機が重なり合って現われるという複雑な様相を呈している。

第一に、資本主義が金融資本主義化（マネー資本主義化）することによって、世界経済が極度に不安定化している。

資本主義はグローバル化の進展とともに、大量のマネーが国境を越えて瞬時に移動し巨額の利益を稼ぐ金融資本主義化の道をひた走ってきた。リーマン・ショックは、その破たんを告げた。だが、金融危機を解決するための巨額の財政出動が、財政赤字を膨らませて政府債務の危機（国債の暴落）を招き、それが再び金融危機を招く。金融危機と政府債務危機の往還的な拡大が進行し、ギリシャを焦点にしたユーロ危機が発生した。

リーマン・ショック後の世界は、危機を解決するための政策が新たなリスクと危機を引き起こすという悪循環のなかにはまりこんでいる。ギリシャやスペインに押しつけられた超緊縮財政政策は、労働者・市民の激しい抵抗を呼ぶと同時に、経済を委縮させて税収を落ち込ませ財政危機を深刻化するという皮肉な結果を招いている。政府債務の重圧から財政出動が制約されている先進国は、中央銀行による異例の量的金融緩和政策に頼ってきた。それによってユーロ危機が小康状態になり、米国や日本の景気が回復する兆しが見えてきたと言われている。だが、金融緩和政策は、リーマン・ショック前の水準を越える大量のマネーを世界中に溢れさせている。この「緩和マネー」は、めまぐるしい投機的な資金移動を繰り返して金融市場や為替市場の乱高下を招き、経済をいちじるしく不安定化する。

さらに、中国など新興国の巨大な市場の開拓こそ、資本主義が経済成長を維持する鍵とされてきた。事実、中国はリーマン・ショック後の世界経済の回復をリードしてきたが、輸出主導型経済からの転換に直面して成長率が急低下している。そのことが、ブラジルなど資源輸出に依存する新興国の経済の低迷を招いている。新興国では大量に流入していた「緩和マネー」が流出し、急激な通貨安とインフレに見舞われている。新興国の経済も、マネー資本主義に翻弄されつつある。

第二に、資本主義の抑圧性・敵対性がむきだしの姿で出現している。

金融資本主義化とネオリベ改革（労働市場の規制緩和、企業や金持ちを優遇する減税など）は、非正規雇用の増大と所得再分配機能の縮小をもたらし、先進国でも所得格差の拡大と貧困の急増を招いた。いずれの国でも、景気回復や企業収益の増大が雇用や賃金の増大に結びつかず、非正規雇用ばかりが増えるという状況が常態化している。トリックルダウン効果がもはや失われているのだ。

このため、〝経済成長による格差解消〟、〝努力すれば成功する〟といった神話（ドリーム）が壊れてきた。階級的な敵対構造を隠ぺいするイデオロギーが失効し、資本主義の社会統合力はいちじるしく弱まっているのである。多くの人びとが希望を見出せず不安に陥っているが、同時に経済成長の幻想から醒めた人びとが確実に増えつつある。

第三に、米国の覇権が衰退し、覇権国なき混沌の世界が到来しつつある。

米国の覇権は、ゆるやかであれ確実に凋落しつつある。イラク戦争を単独で強行した米国が、シリアへの軍事介入には踏み切れなかったのである。政治的・軍事的な覇権の衰退に加えて、リーマン・ショックは米国から世界の金融センターの地位を奪った。対照的に、中国が軍事的・経済的大国として台頭し、米中両国が対抗しつつ協調する体制（G2体制）が出現している。しかし、中国が米国に代わって覇権国になる可能性は小さい。世界は、覇権国＝基軸国なき世界（「Gゼロ」時代）に入りつつある。

このことは、重要な事柄（金融経済への規制、地球温暖化対策、地域紛争の解決）の決定がたえず先送りされることを意味する。ウクライナやイラクのような民族的・宗教的な地域紛争が噴出しても、米国を含めてどの国も力で抑え込んだり調停したりする動きをしない。グローバル・ガバナンスが危機に陥っている。そして、そのことが先進国における「統治の危機」、代表制民主主義の機能低下を招いている。「決められない政治」が人びとを苛立させ、ポピュリズムへの支持が強まるのである。

異なる歴史的位相の危機が重なって進行する現代世界では、世界各地で起こる民衆運動が単一の「敵」や標的を定めて共同のたたかいを組むことは簡単なことではない。たとえばエジプトの民主化闘争は、米国の覇権システムを支えてきた親米独裁政権を倒したが、必ずしも米国の覇権システムに意識的に鉾先を向けていたわけではない。多発する運動が固有の課題に即して既存のシステムを揺さぶり蚕食（少しずつ食い破る）しながら、互いの運動の連関を自覚的に確保し、世界的な支配システムの全容を人びとの前に引きずりだしてくる長いプロセスが必要であろう。

４　直接行動と制度的改革の関係

巨大なデモを噴出させている現代の民衆運動は、現在どのような課題に直面しているのだろうか。その一つは、大衆的な直接行動と制度的改革のつながりを確保するという課題である。巨大なデモの爆発は、政権に譲歩を迫り、重要な政策転換を約束させることに成功している。それは、獲得した成果以上に、人びとに自らの力への自信を与える点で重要だ。

トルコの反政府デモは公園の再開発計画を中止させ、ブラジルのそれは公共交通の運賃値上げを撤回させた。ドイツの反原発デモは、(緑の党の州議会選挙での躍進と相まって)メルケル保守政権を脱原発への政策転換に押しやった。日本でも脱原発運動の持続的な高まりは、民主党政権を「三〇年代に原発ゼロ」方針をいったん決定するところにまで追い込んだ。オキュパイ運動はオバマ政権に衝撃を与え、富裕層への課税強化(富裕税の創設)の方針を打ち出させた。

しかし、難題はその先にある。デモや占拠に参加した人びとは、個別の具体的な要求の実現にとどまらず、怒りの鉾先を腐敗した政権や民意を反映しない政治的決定システムに向けている。したがって、運動は、政治的決定システムそのものを別のものに代える、すくなくとも「よりましな政権」に代えるという次元にまで進むことを求められる。「よりましな政権」とは、ラディカルな社会変革にまでは踏み込まないとしても、言論や表現の自由を侵害しない、人権を尊重する、格差を是正するといった立場をとる政権である。

しかし、大衆的直接行動として登場した民衆運動が「よりましな政権」やより民主的な政治システムの形成にまで進むことには、大きな壁が立ちはだかる。エジプトの民衆運動は、巨大なデモによって軍部独裁政権を倒すことに成功したが、その後にどのような政権や政治システムをつくるのかという構想をもっていなかった。選挙で成立した政権はイスラム勢力が主導するもので、しかも軍部のヘゲモニーが存続する二重権力の下に置かれた。この政権は、都市部の市民の反発と抵抗を招き、これを利用した軍部のクーデターによって覆された。「アラブの春」は、いったん軍部独裁体制の復活に行き着いたのである。

巨大なデモに表現される民衆の意思やエネルギーは、独裁政権を倒す民主化（革命）を達成することまではできる。だが、民主化後にいかなる政治システムや社会・経済構造を創るのかという課題には明確に答えが出せていない。これは、一九八〇年代の韓国やフィリピンの民主化運動が未解決のまま残した課題だが、「アラブの春」であらためて問われたのである。

形を変えてではあるが、私たちもよく似たような逆転を味わった。脱原発の運動は、3・11後の日本社会の変化を表現するものとして高揚したが、総選挙（一二年一二月）と参院選（一三年七月）では原発推進の安倍政権の復活・強化を許してしまった。大衆的な直接行動の高まりと議会の選挙との間には一義的な関係はない。むしろ逆の結果（対抗勢力の議席減少）が生まれることが多い。しかし、脱原発運動が選挙の場で有効な政治表現をもちえなかったこと、議会政党や政権問題に関して一歩距離を置く姿勢があったことは、問い直されるべき課題ではないだろうか。

いうまでもなく、直接行動は社会変革の原動力である。だが、デモや占拠はそのエネルギーがどれほど大きいとしても、いつまでも持続するものではない。直接行動が与えた政治的衝撃や獲得した成果をしっかり確保し、運動の次の前進のための橋頭保を得るためには制度的改革や「よりましな政権」の形成という要素が不可欠である。この点では、ラテンアメリカにおける反米左翼政権と民衆運動との協力と対抗の関係の経験から学ぶことが多い、と私は考える。

5　オルタナティブは何か

民衆運動が直面しているもう一つの課題は、現存のシステムに代えて自分たちがどのような望ましい社会をめざしているのか、というオルタナティブを構想し、また実際に創りだしていくことである。

世界社会フォーラムは「もうひとつの世界は可能だ！」と、ネオリベ的資本主義に代わるオルタナティブの必要性と可能性を強く打ち出した。だが、その具体的な内容について討論を深めて、新しい社会ビジョンを提示する作業は進んでいないのが現状である。

新自由主義的な資本主義は、マネー資本主義に走る一方で、グローバル市場競争の渦中で労働コストを徹底的に切り下げる「底辺への競争」を押し進めてきた。だが、それは個々の企業にとっては合理的であり利益増大をもたらすとしても、労働者の所得低下は需要不足を招きデフレ不況を長引かせるというジレンマを露呈しつつある。この実体を覆い隠すのが、マネー資本主義による金融商品の膨張やバブルの出現による経済の活況なのである。

これに対して、ありうる一つのオルタナティブは、ケインズ主義的な福祉国家型資本主義の再生である。労働者の賃金引き上げと社会保障サービスの拡充によって国内需要を拡大し、経済を成長させ、税収を増やす。この対案は、新自由主義が招く劣悪な雇用や貧困の増大に対する短期的な政策としては一定の有効性をもつだろう。ネオリベ的な超緊縮政策に対する民衆の強い抵抗運動は、EUの政策を財政再建至上主義から経済成長優先主義へとシフトさせつつある。しかし、経済成長を大前提とする福祉国家の再生という構想は、あまりにも時代おくれである。グローバル市場競争の時代にあっては、それはせいぜい輸出競争力の強い（低賃金労働だけに依存しない高い技術力をそなえた）特定の国にだけ可能なものにすぎない。

もう一つのオルタナティノは、脱成長（経済成長に頼らない）の社会を展望に入れたものである。これは、けっして空想的なものではない。経済危機の負担を押しつけられ生存を脅かされた人びとが、自らを守るために工夫し創造した自治と連帯、半自給の仕組みのなかに育ちつつある。

たとえばアルゼンチンは二〇〇一年に債務不履行にまで至る経済危機に陥ったが、これに対抗する「ピケテーロス」運動が起こった。失業した労働者が幹線道路を封鎖して要求をアピールすると同時に、倒産した工場を協同組合方式で管理・運営した。彼らは居住地区で近隣自治集会を開き、自主管理企業と居住組織の協力関係を創りだした。[3] また、暴落したペソに代わって地域通貨が流通した。自治・自主管理と助け合いのローカルな社会が、対抗社会として出現したのである。

最近のユーロ危機に見舞われた国々でも、人びとは地域で自立と半自給の仕組みを創って、自分たちの生存を自衛する試みを活発化させている。アテネでは、市民グループが、閉鎖されたペトロポリス植物園を占拠してレタス・ホウレンソウ・大豆を育て、市民にも配っている。〝地産・地消〟の実験である。また、市の中心部に物々交換の店が開かれ、洋服・台所用品・本やCDを交換している。[4]

スペインでも、バルセロナの下町では地域通貨システム「時の銀行」が開設されている。自分が働いた時間を預けて、代わりにモノやサービスを受け取る仕組みである。それは、二〇一二年には全国で二九一行にまで増えたとされる。[5]

こうした試みは、経済危機の襲来に対する民衆による「社会の自己防衛」（K・ポランニー）である。ある種の緊急避難的な対応であるから危機が収まると姿を消すが、持続するケースも少なくない。そこには資本主義や市場の原理とは別の原理にもとづく対抗社会の原型が登場している。

オルタナティブな社会は、ひたすら経済成長を追い求め、グローバル市場競争に勝ち抜くことをめざすような社会の対極に位置する脱成長社会である。それは、グローバル市場経済やマネー資本主義に抗って、ローカルを拠り所に自立をめざす。地域の資源を活用し、地域内でモノ・サービス・カネが回り、労働が交換される社会である。エネルギーの自給、〝地産・地消〟型の農林水産業、ケア（医療・介護・子育て・教育）の分野での雇用の増大、付加価値の高いモノづくりといったことが特徴になる。この社会はまた、自治と助け合いの協同組合が主役となる（「連帯経済」）。

こうしたオルタナティブ社会の芽は、実は日本でも多様な形で生まれ広がっている。〝地産・地消〟型の農業は、たとえば農家と学校・病院が協力して地元産の農産物を給食に提供する（今治市）といった形で急速に広がってきている。市民と農家が連携して生ゴミを堆肥化し、とれた野菜を市民の食卓に提供する山形県長井市のレインボープランも、地域内物質循環の実験として有名である。

3・11以降は、再生可能エネルギーによる地域のエネルギー自給の試みが進んでいる。そのなかでも、林業が衰退の一途をたどるなかで、廃棄物とされてきた木くずを利用して「木質バイオマス発電」を行なう、木質ペレットをボイラーやストーブの燃料に使う、といった試みが注目を呼んでいる（岡山県真庭市、北海道下川町など）[6]。

もちろん市場経済は、こうした自立・半自給的な経済の試みを、自立性や対抗性を抜き取ってシステムの補完物として包摂・統合してくる。しかし、この罠を自覚しながら包摂・統合を食い破る自立への営みも続く。システムへの包摂・統合とシステムの蚕食とのせめぎ合いが繰り返されていくのである。

6　グローバルなつながりを求めて

民衆運動は、政府や大企業に対する大衆的な直接行動（抵抗の持続）、「よりましな政権」を含む制度的改革、そして小さな対抗社会（オルタナティブな社会の原型）の創出の三つを結びつけることによって、システムに対抗しこれを変革するパワーを発揮することができる。しかし、たとえば「よりましな政権」による改革の成否をとってても、それは一国内の政治的力関係だけではなく、国際的な金融市場の動きや米国の圧力といった要因によって左右される。民衆運動は、グローバルな関係や展望を視野に入れることを否応なく求められる。

グローバルなつながりの形成という次元で、民衆運動が直面している重要な課題を挙げておきたい。

第一に、人びとの手で創出される小さな対抗社会（ローカルな自治・半自給圏、協同組合、連帯経済）が、市場経済に呑み込まれることなく、国境をこえて横につながる仕組みをどのように築き、一歩一歩広げていくのか、という課題である。

これはいいかえると、ＴＰＰや広域ＦＴＡという形で世界を席巻している自由貿易の大波に対抗して、「公正な貿易」の関係を実現していくことである。この点では、すでにフェアトレードの試みが広く行なわれてきている。そこには運動の論理とビジネスの論理とへの引き裂かれや対立も見られる。しかし、その経験を学んで「公正」の原理に立つ、すなわち生産者の所得保障・環境の保全・安全性の確保などを基準とする価格形成による交易・交流関係を押し広げていくことが問われている。

第二に、金融・通貨システムを統合装置とするグローバル資本主義のシステムをどのように変革していくのか、という課題である。

マネーゲームの横行とドル基軸通貨システム（没落しつつあるが）は、民衆にとって最も手の届かないところにある。しかし、この領域でもアタックに代表されるように通貨取引税による金融規制を要求する市民の運動が展開されてきたし、いくつかの政府をその導入に向けて動かしてきた[7]。

ここでは、マネー資本主義とグローバル市場経済の暴走を公共的に規制することが課題になる。その主な内容は、（1）国境を越える大量のマネーの自由な運動を厳格に規制する／通貨取引税、金融取引税の導入、金融派生商品（CDSなど）の禁止、金融機関に対する監視など。（2）競争力の向上を狙う人件費切り下げの国際的な競争（「底辺への競争」）を禁止・規制する／賃金・労働条件のグローバルな基準の設定と実行の監視。（3）タクスヘイブンを監視し、閉鎖する。法人税引き下げの国際的な競争を規制し、法人税を引き上げる。（4）覇権国の通貨（ドル）が基軸通貨になるシステムに代わって、国際的な協力の上に立つ共通通貨と金融支援基金を創設する。（5）南北間の所得再分配を実行する／富裕国や巨大金融機関の債権の大幅な削減（債務帳消し）。途上国への省エネ技術支援のための基金の創設など。

第三に、この公共的な規制の主体をどのようなものとして構想し、実現に近づけていくのかという課題である。いいかえると、グローバル・ガバナンスの新しい仕組みを創出するという課題にほかならない。

私たちは、主権国家が存続し一定の機能を果たしている現実を無視するわけにはいかない。グローバルな次元での公共的規制の主体になるのは、とりあえず国家間の協議・合意にもとづく協定や監視機構である。しかし、ＩＭＦといった国際機関は新自由主義の影響下に置かれ、米国や英国は金融規制には消極的である。また、その決定に最大の影響や被害を受ける人びとこそが当事者として決定に参加しなければならず、国家間の協議や合意にだけ委ねるわけにはいかない。

国際的な協定や監視機関が実効力を発揮するためには、市民運動やＮＧＯが大きな行動を起こしながら、国家間の協議や交渉に参加し発言権と拒否権を行使することが不可欠である。すでに市民運動やＮＧＯは、地球環境、人権、女性、先住民といったテーマでは国連の会議での実績を積んできているのである。

第四に、現在の世界システムに対抗する民衆運動にとって未解決の難問は、人権・民主主義・男女平等といった価値観や非暴力の原則を共有する私たちの運動は、イスラム原理主義に立つ抵抗の運動や勢力とどのような関係を結ぶのか、という課題である。

これは、「アラブの春」における独裁政権打倒後の政治システムや政権のあり方にも関わる問題である。イスラム原理主義に立つ抵抗の運動や勢力が、米国の覇権システムと対決しこれを衰弱させてきた重要な役割を担ったことは間違いない。しかし、現在のシステムに代わるオルタナティブな世界や社会の構想を共有していく場合、イスラム原理主義に立つ勢力や人びととの対話や協働は困難を極めるだろう。とはいえ、この問題が避けて通れないことだけは確かである。

註

1 高祖岩三郎「世界を『脱占領』しよう」(『世界』二〇一二年二月号)

2 田原 牧『アラブ民衆革命の真実』(集英社新書、二〇一一年)

3 広瀬 純『闘争の最小回路』(〇六年、人文書院)

4 「脱成長 豊かさ問う欧州」(朝日新聞二〇一三年一月一日)

5 「『時の銀行』つながり育む」(朝日新聞二〇一三年一月八日夕刊)

6 藻谷浩介/NHK広島取材班『里山資本主義』(角川oneテーマ21、二〇一三年)

7 土佐弘之「グローバル・ジャスティスの政治」(加藤哲郎/丹野清人『民主主義・平和・地球政治』日本経済評論社、二〇一〇年)

(初出『季報 唯物論研究』第一二五号、二〇一三年一一月、原題「反システム運動の現状と課題」)

【コラム】ポスト３・11の日本社会を問う

旧に復することのできない現実

二〇一一年三月一一日から一年、日本社会の何が変わり、何が変わっていないのか。旧に復する、つまり元に戻ることのできない現実がある。巨大な地震と津波で二万人もの人びとの生命が奪われた。住み慣れた土地を離れて暮らす避難者は、三四万四千人（一二年二月現在）に達する。とくに福島原発事故は、元の土地に戻りたくても戻れない人びとを大量に生みだし、その数は警戒区域から九万人、自主避難者を含めると一六万人を超える。避難住民への朝日新聞の聞き取り調査（一一年一〇月）では、「戻りたい」と思う人は七九％に上るが、警戒区域に住んでいた人の半分は一〇年以上戻れないと考えている。深刻な放射能汚染が戻りたいという願いの前に立ちはだかっている。そして、避難するか残るかをめぐって、一人ひとりの心、家族、住民、地域が残酷に引き裂かれた。

住んでいた土地を暴力的に奪われ帰還の望みを果たせない「難民」は、遠い国のことだと私たちは思ってきた。その「難民」が日本国内で初めて生まれたのである。そして私たちは、放射能に汚染された土地や森や水や海という環境のなかで生活していくことから逃れられない。そのことが子どもたちにどのような影響を及ぼすのかは予測もつかない。

こうした過酷な現実こそ、ポスト３・11の社会の原点である。いま五年間で一九兆円と言われる復興予算がインフラ事業に投入され、復興特需のおかげで景気は上向き、仙台市は大賑わいのようだ。だが、もし「復興」に目を奪われて原点を忘却するようなことがあれば、私たちの社会は、根っ子のところで何も変わらないだろう。

脱原発への転換とこれを押しとどめる力

人びとの意識が脱原発に舵を切ったことは、ポスト3・11に生じた最大の変化である。

事故直後は、原発を「現状維持」するが「減らす＋やめるべき」を上回り、多数を占めた（朝日新聞の四月一六〜一七日の世論調査では、五一％対三〇％＋一一％）。人びとは事故が起こることへの不安を強めながら（同じ調査で、「福島第一原発以外の原発で大きな事故が起きる不安」を八八％の人が感じていた）、原発をどうするべきかについては思考停止に陥っていたのである。

しかし、事故の深刻さと放射能汚染の広がりが明らかになるにつれて、急速に脱原発への意識転換が起こった。同紙の五月二一〜二二日の世論調査では、原発の利用に反対が四二％と賛成三四％を逆転し、「減らす＋やめる」五二％（三六％＋一六％）が「現状維持」の四一％を上回った。さらに、一二月一〇〜一一日の調査では、原発の利用に反対五七％・賛成三〇％、「原発を段階的に減らして将来はやめる」に賛成七七％・反対一六％となった。「脱原発」は、社会のなかに後戻り不可能な意識として根を下ろしたと言える。

こうした意識転換を背景にして、反原発の行動と運動が高揚した。二〇一一年の6・11全国アクションには全国一四〇カ所で七万人が、9・19集会には六万人が立ち上がった。ドイツでは二五万人のデモが起こり、緑の党の躍進と相まって社会を脱原発に踏み切らせた。それと比べるとデモや集会の規模は、事故当事国の大衆行動としては物足りない感が否めない。

しかし、必ずしもデモや集会という形で表現されない運動が、多様なかたちで次々に広がってきた。子どもたちを放射能から守る福島の人たちの運動、「避難の権利」の実現を求める住民の運動、原発の再稼動を許さない現地と首都中枢での行動、経産省前のテント広場、市民の手による自主的な放射能測定の運動。脱原発運動は一過性のものに終わらず、持続性を発揮している。

にもかかわらず、日本社会はまだ脱原発へと踏み切ることができずにいる。これまで通りのパラダイム（思考枠組み）にしがみつき、脱原発への転換を押しとどめとする力も強く働いているからである。「原子力ムラ」の権威は地に堕ちたが、いまだ解体されておらず、手を変え品を変えて原発を延命させようとしている。民主党内でも自民党内でも原発延命派の巻き返しが激しくなり、野田首相は再稼動に前のめりだ。

３・11以降、人びとの意識の変化とは対称的に、まったく変わらなかったのは政治の世界である。これほどの事故が起きたのに、二大政党は原発について沈黙を決めこみ、国会は脱原発への決議も立法化も行なっていない。野田首相は、事故後初となる所信表明演説（二〇一一年九月一三日）でも国策としての原発推進政策が事故を招いたことへの反省も、住民への謝罪も一言半句述べていない。いぜんとして「責任をとらない政治文化」がまかり通っているのだ。東電の勝俣会長も斑目原子力安全委員長も、誰も事故の責任をとって辞めていない。これは異常なことである。

３・11は、敗戦に匹敵する出来事である。敗戦時に昭和天皇の戦争責任を免責したことが「責任をとらない文化」を延命させ、戦後の政治や社会を歪めてきた。東電の株主代表訴訟などの動きが始まっているが、事故の責任を徹底的に追及し、この「政治文化」を壊わさなければならない。そうしなければ原発延命の勢力を生き延びさせ、また同じ過ちを繰り返すことになるだろう。

脱成長の社会への志向

3・11は、これまで通りの社会のあり方や暮らし方ではやっていけないという根本的な反省を少なからぬ人びとのなかに呼び起こした。脱原発はその表現だが、そこには違った考え方や多様な問題関心が折り重なっている。脱原発は、エネルギー政策の転換を意味するが、けっしてそこにとどまらない。原発を推進したり許容してきた社会や経済や生活、そして政治のあり方を問い直し、変えるという志向や関心を含んでいるのだ。

たとえば過疎の村や町の住民に大きなリスクを負わせながら、東京の人間が電気をふんだんに使って便利で快適な生活を送る。大震災と原発事故はこの不公正な社会構造を明るみに出し、この構造とそれに安住する暮らし方を変えなければならないという強い反省の思いを生みだした。首都圏は計画停電に見舞われたが、この体験は、都会全体が煌々と輝くほど電気を大量に使わなくても何とか生活できる（社会的「弱者」への配慮を優先すれば）という実感を生んだ。また、電力供給の集権的なシステムがいかに脆いものかを痛感させ、地域分散・地域自給型のエネルギー供給の仕組みを作る必要性を多くの人に教えた。

また、3・11は、人びとのなかに自主的な助け合いと連帯の動きを創りだした。延べ九四万人のボランティアもそうだが、福島の子どもたちを一時避難させる市民の取り組みも全国各地で広がった。岩手県の宮古市重茂、田老町、大船渡市超喜来の漁協では、船を失った漁民たちが「漁船シェアリング」を組織し、収益を分かち合った。これは、宮城県の村井知事が大手水産会社に頼ったり県内一四〇の漁港を六〇に集約するといった新自由主義の復興路線を押し付けるのとは対称的な、草の根からの協同の試みである。

こうした思いや実感や試みは、新しい社会や生活のあり方を創りだす貴重な萌芽である。だが、これらを持続・成長させ社会全体に広げるためには、特別の努力が必要になる。その一つは、「脱成長」、つまり経済成長なしに「分かち合い」で豊かに生きる社会へのビジョンを共有することだ、と私は考える。

電力会社や経済界は、原発を再稼動しなければ電力不足に陥り復興と経済成長が困難になると言い張る。「電力不足」論こそ原発維持の最大にして唯一の論拠だが、これに対して私たちは、どう答えるべきか。原発に変わるエネルギーで電力は十分に確保でき、成長は可能だと答えるのか。それとも、もはや経済成長をめざす必要はない、原発抜きの電力供給の範囲内で経済も生活も営めばよいと答えるのか。もちろんこの二つは、省エネ・節電による電力消費の削減、地域分散・自給型のエネルギー供給への転換といった点で手を結ぶ。しかし、私は後者に軸足を置いて、社会と経済と生活のあり方を根本的に変えていく方向を選ぶべきだ、と主張したい。

蘇れ直接民主主義

ポスト3・11の日本社会の大きな変化のひとつに、政府と専門家の出す情報に対する根本的な不信が生まれたことがある。朝日新聞の調査（一一年五月二一〜二二日）では、実に八〇％の人が、政府は原発事故の情報を適切に出していないと答えている。メルトダウンの事実を二ヶ月も隠し、SPEEDIの情報を公開せず多くの住民を被曝にさらしたことからすれば、当然のことだ。市民が自分たちの手で放射能測定を行ないだしたことは、専門家による知と情報の独占への異議申し立てが始まったことを意味する。

原発の安全性なるものを政府と専門家の手に任せきってきたことが過酷な事故を招いたという反省は、国会や既成政党の機能マヒ状態への不信と相まって、この国の民主主義の体質への深い懐疑を人びとのなかに呼び起こした。それは、「おまかせ民主主義」とでもいうべき体質である。

民主党と自民党が何をめぐって対立しているのかが分からないまま、両党の抗争が続いて何も重要なことが決まらない。それぞれ党内に原理的に異なるTPP推進派と反対派、消費増税賛成派と反対派を同居させながら、権力ほしさに二大政党に集まっているだけである。この既成政党の腐敗ぶりへの強まる不信は、とりあえず「分かりやすさ」と「強いリーダーシップ」を売りにした橋下大阪市長への高い支持となって表現されている。だが、「白紙委任」を要求するハシズムは、「おまかせ民主主義」が極大化し行き着いたものでしかない。

政治的な閉塞状況に風穴をあける別の動きは、直接民主主義を蘇らせ自己決定権を行使しようとする試みである。たとえば国民投票によって原発やエネルギーの政策の方向を決めることに六八％

もの人が賛成している（朝日新聞の一一年一二月二〇日の世論調査）。

同時に、同じ調査では、直接民主主義の最も日常的で代表的な手段であるデモについて、「デモに政治を動かす力がある」と思う人が四四％、思わない五〇％と微妙に評価が分かれている。また、「デモに参加することに抵抗を感じる」人は六三％、感じない人は三三％である。日本では巨万の街頭行動が政権を追い詰めたり政策転換を強いたという経験が、社会のなかで途絶えているからだろう。

しかし、それでもデモの力を評価する人が四割を超え、デモ参加に抵抗を感じない人が三割以上いることには、希望があるとも言える。アラブの春、オキュパイ運動がデモや占拠の力を存分に発揮している同時代性に触れて、日本でも直接民主主義は多彩な形態で力強く蘇るだろうか。その可能性に私は賭けてみたい。

（初出『市民の意見』一三一号、二〇一二年四月一日）

【追記】

本稿を書いた後、市民の行動は力強い高まりを見せた。野田政権が二〇一二年六月に大飯原発の再稼働を決めたことに抗議して官邸前に集まる市民は、最初の三百人から一万人に、そして十万人へと膨れ上がった。現場に集まった人びとがその動画を知人や友人に発信することで、人が次々に駆けつけ、官邸前から国会議事堂前の道路を埋めつくす日々が出現した。7・16集会には、脱原発運動としては史上最大の一七万人が集まった。

その後、大きなデモの波は引いたが、脱原発の行動は一過性に終わらず、さまざまの形で持続している。また、二〇一三年一二月には、安倍政権による特定秘密保護法の強行採決が人びとの怒りに火をつけ、数万人の市民が官邸や国会前に集まって連日抗議の行動を繰り広げた。「デモの季節」の再来とまでは言えないとしても、市民のなかに直接行動への意欲と力が高まっていることは間違いない。

第2章　日本における緑の党の誕生と課題

1　はじめに

二〇一二年七月二八日、「緑の党」が日本に誕生した。緑の党の結成の背中を押したのは、3・11をきっかけに高まった脱原発への強い声と行動である。このことは、福島原発事故に強い衝撃を受けて「何かしなければ」と思い立って動きはじめた人びとが、党のメンバー一〇〇〇人の半数を占めることに示されている。

したがって、緑の党は、何よりも「原発のない社会を実現」する（「緑の社会ビジョン」）ことをめざしている。そして、そのためには「経済成長優先主義から抜け出し」、「『お任せ民主主義』にサヨナラ」することが必要だ（同）と明言している。どの既成政党もけっして言わない〝脱成長〟というラディカルな考え方は、「自然を征服と支配の対象としてきた近代の文明的枠組みからの大転換をめざす」（同）という骨太の思想に裏打ちされている。

また、緑の党は、根深い女性差別の克服と男女平等の実現という理念を体現するために、役員の選出に当たってクオータ制を導入した。共同代表四人も全国協議委員会も、男女同数の構成となった。選挙の候補者を決定するプロセスも予備選を導入し公開するなど、開かれた「脱政党的政党」への工夫が行なわれている。

そして、緑の党は、来年（二〇一三年）夏の参院選にチャレンジし、国政に登場することを当面の中心目標にしている。政党政治の世界は、保守主義・国家主義に純化し原発を推進する自民党政権の復活が予想される惨状だが、緑の党はこの状況を鮮やかに切り裂き、政治に希望を取り戻す役割を果たすだろう。

緑の党は、既成の政党にはない魅力的なアイデンティティと大きな政治的可能性を持っている。しかし、誕生したばかりの緑の党が直面する課題は、重く大きい。あらためて、緑の党の結成の意味とそれが果たす役割、挑戦するべき課題について考えてみたい。

2 日本における緑の党の形成への歩み

国会に足場をもつ新しい政治勢力を形成しようとする試みは、一九八〇年代からスタートしたと言える。ここでいう「新しい政治勢力」は、社会党や共産党という左翼政党とはむろんのこと、新左翼の政治党派やそれがめざす「革命党」「前衛党」とは区別される政治主体のことである。それは、社会運動を政治的に表現するが、制度圏内に足場をもつ（国会や地方議会に議員のいる）「公式」の政党である。

日本において新しい政治勢力の登場の必要性が痛感されたのは、八〇年代以降の政治状況が大きく変わったからである。時の中曽根政権は日米同盟を強化すると同時に、新自由主義的改革を本格的にスタートさせた（臨調行革、国鉄の分割・民営化）。その一方で、総評労働運動は解体の危機に陥り（八九年連合結成、総評解散）、地域で民衆運動を支えた地区労も次々に解体されていった。

同時に、官僚主導の利益誘導政治が揺らぎはじめ、無党派市民層の増大に伴って自民党長期政権は九〇年代に入るといったん崩壊し、政治再編が進行した。土井社会党ブームの一時的な出現が見られたとはいえ、政治再編は全体として保守主導の新党ブームとして進行し、小選挙区制の導入（「政治改革」）と社会党の消滅、自民党政権の復活に行き着いた。

社会運動の側は、八〇年代に入ると反原発・反開発・フェミニズムなどシングル・イシュー型の運動が噴出し、多様化と拡散が進行した。反面そのことは、反戦・反安保や成田空港建設阻止などといった争点に運動全体のエネルギーが集中し、国家に対するトータルな政治的反撃が組織されることが困難になったことを意味した。また、実力闘争が行き詰まり、行動主義的左翼としての新左翼の役割がいちじるしく低下した。

社会運動の多様化と拡散のなかで、全体性としての「政治」を新しい形で創り出すことが問われたのである。そのひとつの答えが、「新しい政治勢力」の形成である。これは、民衆の抵抗闘争（大衆的直接行動など）、対抗社会のモデルの創出（自主管理や市民事業など）、そして制度的改革（議会や法制化の活用など）の三つの要素を有機的に結びつけた社会変革の構想を実践することでもあった。

そして、ドイツ（西）において八〇年代に緑の党が鮮烈に登場したことが、私たちに大きな衝撃を与え、ヒントとなった。

「新しい政治勢力」形成への試みは、国政選挙への挑戦として行なわれた。市民運動、住民運動、反原発運動の担い手、労働運動の活動家、新左翼のいくつかの党派などが協働して取り組んだ。その主なものを挙げておく。

一九八三年「無党派市民連合」（中山千夏）が参院比例代表区で五〇万九千票、得票率一・〇％を獲得したが、一議席もとれなかった。一九八九年「原発いらない人びと」は参院比例区で一六万二千票、得票率〇・三％に終わった（反原発・環境派三つを合わせると六四万七千票、得票率一・二％）。一九九二年の「反ＰＫＯ」選挙（内田雅敏）は市民運動が先導し、社会党内護憲派が合流し、東京選挙区で三一万四千票、得票率七・六％と大善戦。一九九五年「平和・市民」が市民派と社会党内護憲派のブロックで取り組んだが、参院比例区で三七万七千票、得票率〇・八％と惨敗。東京選挙区では、田英夫が四三万六千票、得票率一一・四％で当選。

二〇〇〇年代に入ると、二〇〇四年「みどりの会議」（中村敦夫代表）が参院比例区で九〇万四千票、得票率一・六％を獲得。百万票、二％には届かなかったが、党名での得票が八割近くと「緑」の政治勢力の基盤の可能性を示した。二〇〇七年には川田龍平が東京選挙区で市民派として六八万四千票、得票率一一・三％を獲得し当選。

国政選挙への取り組みは二つのタイプがあった。ひとつは、その時々の大衆運動（チェルノブイリ後の反原発運動、湾岸戦争時の反ＰＫＯ闘争）の高揚を政治的に表現する。反原発選挙や反ＰＫＯ選挙がそれで、運動の延長としての選挙であった。もうひとつは、一定の社会ビジョンや政策を掲げて政治勢力形成を志向するもので、「平和・市民」や「みどりの会議」の選挙がそれであった。

しかし、参院比例代表区選挙では、いずれも一議席獲得に必要な百万票、得票率二％という壁を越えることができなかった。ただし、東京選挙区では、知名度の高い候補者を立てたこともあって、既成政党を相手に互角の戦いを演じ、当選をかちとることができた（一九九五年、二〇〇七年）。

　国政選挙で勝利して議員を当選させることが、「新しい政治勢力」を形成する決定的なテコとなる。選挙に勝たないと「公式の政党」として人びとに認知されないし、政治勢力としての凝集力も生まれない。選挙で負けると、活動家の情熱とエネルギーを一挙に衰弱・霧散させてしまう。これが、私たちが学んできたことのひとつである。

　しかし、議員を当選させることが政党形成に直結しないことも、たしかである。川田龍平が当選後に「みどりの未来」から離脱して、「みんなの党」に入ったことは、苦い経験である。国会議員は特別な権力をもつし、他の政党との協力や駆け引きも求められる。緑の党は国会議員に特権的地位を与えないから、政党の決定と議員の判断との間にたえず齟齬や対立が生じる可能性がある。この問題を解決するためには、政党の側の政治的・政策的な、また組織的な力量を強めることが不可欠となる。

　国政選挙への挑戦と並行して、「新しい政治勢力」形成への取り組みが行なわれてきた。ひとつは、国政選挙にチャレンジするにふさわしい政治的力量を、ローカルから築きあげていく努力である。一九九八年には「虹と緑の五〇〇人リスト」が結成され、地方議員一八七人が参加した。二つは、政治勢力としての可視化の努力である。「緑の党」形成をめざして日常的に活動する政治主体として、「みどりの未来」が結成された（二〇〇八年）。また、「グローバル・グリーンズ」の世界大会に参加し、世界の緑の党との連携・交流も開始された。これは、無所属・市民派として活動してきた人びとのなかに、政党形成の必要性を自覚させる契機となった。三つは、ローカルな市民派政治勢力の間で提携・共同活動が追求された。ただし、「虹と緑」と生活者ネットの連携は失敗に終わった。

そして、3・11の大震災と福島原発事故が起こった。脱原発をめざす人びとのなかで、「日本でも緑の党が必要だ」という声と期待が一気に高まり、緑の党の結成への政治的な機運が生まれた。主体的な力量の準備、とりわけ必要な人材の確保からすると十分ではなかったが、この機運を逃がすわけにはいかない。こうして、緑の党が立ち上がった。

3　なぜ、これまで日本では緑の党ができなかったのか

緑の党の誕生があまりにも遅きに失した、という突き放した評価もある。たしかに、3・11以前に国会に議席をもつ緑の党が存在すれば、政治を脱原発の方向にもっとすみやかに、確実に転換させることができただろう。ドイツでは連邦議会に六八議席をもつ緑の党は、福島原発事故直後に州議会選挙でも勝利してメルケル首相を慌てさせ、二〇二二年原発全廃の決定を主導したからだ。

この三〇年の間に、ドイツでは緑の党が「公式の政党」として確固たる地位を占めるに至り、対称的に日本では緑の党が登場できなかったのは、なぜか。その反省的考察を通じて、誕生したばかりの日本の緑の党を取りまく環境や課題を考えてみたい。

八〇年代のドイツにおいて緑の党が登場できた条件は三つあると、丸山仁は指摘している[1]。一つ目は、社会の価値観が大きく変動し、脱物質主義的な価値観、経済成長よりも環境保全、効率性よりもゆとりを優先するという価値観が広がった。とくに、チェルノブイリ事故の衝撃は大きく、反原発の意識が社会に定着していった。また、ジェンダー平等など反権威主義的な価値観も広がった。

二つ目は、政党間の競争システムにおいて、新しい政治勢力が進出できる政治空間が存在した。政権の座に就いていた社会民主党（シュミット政権）に対する失望が広がっていた。そして、共産党が非合法化されていたこともあり、社会民主党の左に位置する勢力が不在であった。三つ目は、選挙制度が五％条項付きの比例代表制であった。五％の壁は高いが、この壁がさまざまの政治グループを連合させ、緑の党に合流させた。

では、日本ではどうであったのか。一つ目の社会の価値観の変動は、八〇年代の日本でも進行し、環境保全やゆとりを重視する価値観は広がり、ジェンダー平等の意識も増えていた。しかし、ドイツに比べると、人びとの社会意識の転換や政治文化の変化は底が浅く、不徹底であった。とくに、八〇年代後半のバブル経済の到来は、拝金主義をはびこらせ、右肩上がりの経済成長が続くという幻想に多くの人を絡めとった。また、戦争責任の問題に見られるように、ドイツとは対称的に「責任をとる、とらせる」政治文化が不在のままで、社会に定着しなかった。このことが官僚支配を継続させたり、原発事故を引き起こす重要な理由のひとつともなった。

二つ目は、政党間競争システムに新しい勢力が参入できる余地が狭かった。日本では社会党が長らく野党として反原発や男女平等を望む人びととの受け皿となってきた。たとえば一九八九年の反原発選挙は、土井社会党ブームに呑み込まれてしまった。その意味で、一九九三年の社会党の政権参加と路線転換は、「緑の党」の出番となる空間を作ったと言える。しかし、保守主導の新党ブームに押されて、私たちはこの好機を活かすことができなかった。もうひとつは、社会党の左に位置する共産党が三五〇万～四三〇万票を獲得する大衆政党として存在し、批判票の受け皿となってきた。

三つ目は、選挙制度の壁である。小選挙区制が導入され（一九九六年）、供託金が異例に高く、小政党に圧倒的な不利な選挙制度になっている。とはいえ、大都市では、参院選東京選挙区の経験が教えるように、主体的な条件が整えば既成政党と互角に渡りあえたのである。

4　問題は緑の党を創ろうとする主体の側に

日本でこれまで緑の党が登場できなかったのは、なぜか。最大の問題は、緑の党を創ろうとする主体の側にあった。

ドイツ緑の党を生みだしたのは、一九七〇年代の反原発運動であった。ヴィールやプロクドルフの原発建設に対して、住民と支援の人びとは予定地を占拠するなど激しい実力闘争を展開した。この闘争に参加した人びとが、緑の党の結成に加わった。また、六八年～六九年の世界的な青年・学生の反乱を経験した「六八年世代」は、その後は新左翼の政治党派、地域でのオルタナティブ文化の活動に関わるが、この世代が緑の党に幹部層をふくめて多くの人材を供給したと言われる(2)。

七〇年代の日本では、成田空港建設に反対する三里塚闘争が全国の人びとを引きつけながら、激しくたたかわれていた。三里塚闘争は、「滑走路のコンクリートをひっぱがして土に返す」といった標語が示すように、効率性優先と自然征服の近代文明に異議を唱え、人間と自然の関係を根源的に問い直した。この闘争こそ、水俣病の運動とならんで、田中正造のたたかいと思想を現代的に受け継いだ日本の「緑」の原点のひとつである。

しかし、三里塚闘争には実に多くの人びとが関わったが、そこから緑の党の形成に意識的に向かった人はひじょうに限られていた。新左翼党派の多くは、三里塚闘争を反権力実力闘争の全国的な最前線と位置づけて力を投入したが、このたたかいをエコロジーの思想を豊かに育む運動としては捉えることができなかった。国家権力の奪取を優先する、また生産力主義に染め上げられた古典的なマルクス・レーニン主義に強く呪縛されていたのである。新左翼党派の多くが、三里塚闘争の現場からエコロジーの思想を学んでマルクス主義を「脱構築」することができなかったことは、緑の党の形成を遅らせた、と私は考える。

もちろん、日本の「六八年世代」あるいは三里塚闘争をくぐった人びとのなかで、自然食レストラン、有機農法や産直運動、スローライフの実験などエコロジー思想を実践している人びとは確実に増えている。また、政治運動から離れて地域に戻り、住民運動や反原発運動や地域づくりのリーダーとして活動している人も少なくない。これらの人びとは、緑の党を支える社会的基盤として一定の厚みと広がりをもって存在している。これらの人びとと３・11以降に運動に加わってきた新しい人びとが合流するならば、緑の党は社会的に確固たる存在になりうるだろう。

また、日本では社会運動の担い手のなかに政党形成を忌避・拒否する傾向がひじょうに強い。この政党への不信や懐疑は、共産党・社会党や新左翼党派の硬直性やセクト主義に主として起因する。NGOやNPOの運動のめざましい発展も、超党派的な働きかけによる政策実現に力が注がれるから、新しい政党形成に消極的な傾向を生みだした。さらに、ローカルの市民派議員も、「緑」の政治思想には共鳴するが、「無所属」で立候補して既成政党への批判を吸収した方が当選できるから、緑の党の形成には二の足を踏む人が少なくない。

社会運動の担い手と政党（形成）との間にある大きな壁をどのように超えていくのか。緑の党が立ち向かうべき未解決の課題のひとつである。

5　現代世界の歴史的な危機

緑の党のような小さな政党が人びとを強く惹きつけるために必要な条件のひとつは、その思想がきわだってラディカルであることだ。現代世界は先の見えない深い危機にはまりこんでいるが、この危機に立ち向かうことのできる緑の党の思想とは何か。

現代世界の危機は、第一に、リーマン・ショック後の世界経済が極度に不安定になっている、という意味での危機である。冷戦終焉後の資本主義は、グローバル化によって成長と繁栄を謳歌してきたが、それは実体経済をはるかに上回る金融経済の膨脹と独走によるものであった。しかし、この「金融資本主義」化は二〇〇八年のリーマン・ショックによって破たんした。米国をはじめ各国政府は、巨額の財政出動によって金融機関の救済と需要喚起を図った。これによって金融危機は乗り越えられたかに見えたが、財政出動は先進国の財政赤字＝政府債務を膨れ上がらせた。それが国債価格の暴落を招いて、国債を大量に抱える金融機関に損失を与えることになった。ギリシャを震源とするユーロ危機の出現である。金融危機が政府債務危機（ソブリン危機）を招き、債務危機が再び金融危機に跳ね返るという危機の往還的な進行が生じているのである。

資本主義はいまや、危機を解決するための政策が別の危機を呼び起こすという連鎖のなかでもがいている。米国・日本などは、膨大な政府債務に縛られて財政出動が困難だから、経済成長を回復する政策的手段として量的金融緩和政策に頼るしかなくなっている。しかし、その効果はきわめて限定的で、先進国から大量のマネー（短期資金）が世界に溢れだして新興国や発展途上国に流れこみ、バブルや食料品の投機的高騰を引き起こしている。いぜんとして、大量のマネーが世界を駆けめぐり、経済を不安定化している。

第二は、資本主義の抑圧性・敵対性が人びとの前にむきだしの姿で現われている、という意味での危機である。グローバル資本主義は、金融資本主義化、そして非正規雇用の拡大や所得再分配機能の縮小を進めた新自由主義改革によって、貧富の格差の拡大と貧困の増大を至るところで生みだした。「1％」による富と権力の独占が、負担と犠牲を「99％」に押しつけている構造がさらけ出された。オキュパイ運動はこの構造全体に異議を申し立て、「資本主義」とあらためて名指したのである。

問題は、この階級的な敵対構造を隠ぺいするイデオロギーが作動しなくなっていることである。すなわち、所得格差が拡大しても経済が成長すればトリックルダウン効果が働き、下層の人びとも豊かになるという神話とメカニズムが壊れてしまった。これは、実に大きな変化である。資本主義の社会的統合力がいちじるしく衰弱し、経済成長の幻想から解き放たれた人びとが確実に増えている。

第三は、覇権国＝基軸国システムが終焉し、覇権国＝基軸国なき混沌の世界へ突入している、という意味での危機である。米国の覇権の不可逆的かつ緩やかな凋落こそ、いま進行している世界の一大変化である。その軍事的・政治的覇権は、対テロ戦争の泥沼化、「アラブの春」によって崩れ、米国は「アジア・太平洋重視」戦略へとシフトせざるをえなくなった。それによって、海洋戦略を強化しつつある中国との覇権争いが激化している。また、米国の金融的覇権も、リーマン・ショックによって「世界の金融センター」の地位を失い、ドルへの信認がさらに低下したことによって、根底から揺らいだ。

米国の覇権の凋落と対照的に、中国が軍事的・政治的・経済的大国として台頭し、米中両大国が対抗しつつ協調するG2体制が出現している。しかし、これはいずれの国も決定権を行使できない不安定で不確実な仕組みである。しかも、将来的に、中国が米国にとって代わって覇権国として登場する可能性は小さい。また、ドルに代わる基軸通貨を見出すことも不可能である(ドルは、主要国の協調と均衡の上に主たる共通通貨の役割を演じ続けるであろうが)。

こうして、世界は、覇権国も基軸通貨もない時代に入り込みつつある。イアン・ブレマーは、これを「Gゼロ」の時代と呼んでいる。重要な事柄の決定は、主要な国家間の協議と協調のシステム(たとえばG20)に委ねられるが、このことは重要な決定がどんどん先送りされる状況をつくる。グローバル・ガバナンスの危機はまた、先進国における「統治の危機」、議会制民主主義による政治的決定システムの危機を招いている。「決められない政治」が問題になり、「決める政治」への渇望が強くなる状況が生まれている。

6　資本主義の側からの危機への対応

グローバル資本主義の側は、この危機に対して、どのような解決策を持ち出そうとしているのか。

その答えは、経済成長の復活であり、成長戦略の追求ということに尽きる。

最も望みを託されているのが、中国やインドなど巨大な人口と潜在的需要を抱える新興国の商品市場を開拓することによって、世界経済を成長軌道に乗せるという可能性である。富裕層や新しい中間層が出現しつつある新興国の市場こそ、資本主義のニュー・フロンティアたりうるというわけである。

しかし、新興国の高度経済成長（大量生産・大量消費・大量廃棄）は、いかに省エネや脱炭素化の技術を利用したとしても環境を破壊し、地球環境の制約とぶつからざるをえない。また、経済成長が引き起こす貧富の急激な格差拡大は、大きな社会的抵抗を呼び起こしているが、それが経済成長主義にブレーキをかけるかもしれない。短期的には、ユーロ危機の影響がＥＵ向け輸出の落ち込みを招き、中国経済が減速しつつある。中国をはじめ新興国の経済成長の復活がリーマン・ショックからの世界経済の立ち直りを牽引したが、いまや先進国の金融危機・債務危機が新興国に打撃を与えつつある。

資本主義の側もたしかに、危機を生みだす「金融資本主義」化を規制する措置を持ち出している。ＥＵ一一カ国が導入を決めた金融取引税はその例だが、米国や英国は、マネーの自由な動きへの規制が経済成長を妨げるとして反対している。米国で導入された銀行の投機的投資を禁じるボルカー・ルールも、金融資本の激しい抵抗で尻抜けにされつつある。また、先にみたように、成長促進のための量的金融緩和政策をとるかぎり、投機的なマネーが世界中に氾濫することは避けられない。経済成長主義に立つかぎり、金融経済の膨張と暴走を規制する政策と仕組みは実現できない。

また、資本主義の本質がむきだしになり、貧富の格差拡大や雇用の劣化が露わになれば、社会の安定は失われる。そこで、富裕税の導入や雇用創出政策が試みられている。だが、現代の貧困対策は、所得再分配よりも職業訓練や雇用機会の拡大による就労の促進に重点が置かれている。それはまた、経済成長を前提にするものであり、成長なしに福祉も雇用もないという発想に強く囚われている。

7　危機に立ち向かう――資本主義への批判の視点

私たちが世界の危機に立ち向かいオルタナティブな経済・社会をめざすとき、何よりも経済成長主義と手をきることが必要になる。

脱成長への転換なしに、経済の不安定化の元凶であるマネーの投機的動きを封じ込める厳しい規制も、人間を極端に安い賃金で働かせ使い捨てる雇用の劣化を止めることも、富裕層や巨大金融機関・グローバル企業に対する思いきった課税も実現できないであろう。そして、たえざる経済成長（付加価値の自己増殖）なしには資本主義が成り立たないとすれば、「成長なき資本主義」とは、資本主義ではない仕組み、非資本主義的な社会システムへ大きく踏み出すことである。

先進国だけではなく、発展途上国も経済成長主義から脱却する必要がある。住民一人ひとりの人間らしい生活と生存の確保、生活インフラの整備に必要な経済活動は、必ずしも市場経済のたえざる拡大、つまりはGDPの伸長として現われるわけではない。GDPに表現されない非市場的な経済活動の活発化や豊かさの獲得が構想されてもよいはずだ。

脱成長の立場から資本主義を批判するという点で、エコロジーの思想がもっとも有効な武器となる。エコロジー主義は、環境（自然生態系）の制約という面から経済成長の限界を主張してきたが、その次元にとどまらない。経済成長が格差拡大、労働の劣化、人間のつながりの貧困化をもたらすことが明らかになっている現在、定常型社会こそが豊かな社会であると、真正面から提示するべきだ。欲望を自律的に決定する、時間を取りもどす、お金で測れない人と人の関係性の豊かさを創ることは、その柱である。地域内で基本的にモノ・サービス・カネが回って労働が交換されエネルギーも自給される循環型の経済は、自然生態系との共生を可能にする。

グローバル資本主義が人びとに押しつけてくる不安定雇用、失業、非人間的な労働、経済格差、公共サービスの削減、環境や農業の破壊とたたかいながら、同時に自分たちの力で定常型＝脱成長型の循環型社会をローカルな次元で創り出していく。それはまた、自治・参加型の社会である。この多様なローカルが国境を越えてつながるとき、それは非資本主義システムの萌芽となり、グローバル資本主義を蚕食する拠り所となるだろう。

資本主義が金融経済の暴走、貧富の格差拡大、労働の非人間化を目に見える姿で現出させている現在、マルクス主義の資本主義批判が有効性を回復している。だが、労働力の商品化に根本的な問題性を見るその視点だけでは、現代世界の危機を捉える上で狭すぎる。ましてや、オルタナティブな社会を構想する上ではマルクス主義はあまりにも貧弱であり、エコロジーの定常型社会の思想による資本主義批判が重要な役割を演じる。

しかし、同時に資本主義の側もエコロジーという要素を取り入れ、新たな成長戦略を追求していることに、私たちは注意を払わねばならない。環境や再生可能エネルギーの分野への投資と雇用創出という「グリーン資本主義」化によって、経済成長を実現する、という選択肢である。たしかに、この分野への投資は、脱原発を促進しながら、新たな雇用を創出する。このこと自体は、望ましいことである。

しかし、大規模なインフラ投資や省エネ製品への買い替え需要が起こるとしても、それが、かつての耐久消費財の爆発的普及による需要創出にとって代わって経済成長をもたらすとは思えない。再生可能エネルギーの普及は、電力を思いのままに消費して便利で快適な生活を維持するという前提を問い直し、生活の質を変えることと不可分一体でなければならない。それは、過疎地に原発を押しつける都市と地方の不公正な社会構造を組み変えることでもある。環境や再生可能エネルギーへの投資は、脱成長の循環型経済を発展させ、地域分散型のエネルギー自給を可能にするものとして位置づけられる。

エコロジーをめぐるヘゲモニー争いが、資本主義と私たち民衆の間でこれから本格化するにちがいない。緑の党はエコロジーの思想を、資本主義を延命させるのではなく脱経済成長、非資本主義的な社会への転換をかちとる思想として鍛えあげねばならない(3)。

8 政治再編のなかの緑の党

民主党への政権交代から三年、日本の政治も大きな危機と再編のなかにある。野田政権はこの間だけでも、大飯原発の再稼動、消費増税法案の成立、オスプレイの沖縄配備と、人びとの多数の意思に真っ向から逆らう政治を強行した。まさに、権力の暴走である。野田は、これを「決められない政治からの脱却」と正当化する。

そして、尖閣諸島（釣魚台）をめぐる日中間の領土紛争は、領土ナショナリズムを両国で噴出させている。自民党から共産党までが異口同音に「尖閣は日本の固有の領土だ」と言いつのる異様さだ。この状況が「領土・領海を断固として守る」、「集団的自衛権の行使を」と呼号する極右の安倍を再び自民党総裁に押し上げた。自民党の支持率が上昇し、このまま総選挙になれば自民党政権が復活する可能性が強まっている。安倍政権が登場すれば、まちがいなく原発ゼロ方針を否定し、米国と経済界の意向に忠実に従って原発を延命させる。日米同盟の再強化の名の下に、原発推進からオスプレイ配備に至るまで米国の言いなりになる政治を推進するだろう。

しかし、３・11を経験した社会は、脱原発が社会の多数派の意思に転じるなかで、沈黙を破ってデモする多くの市民を生み出してきた。脱原発の運動の高揚と持続は、民主党政権の思惑を覆して「二〇三〇年代に原発ゼロ」を謳わざるをえないところまで追い込んだが、米国と経済界と原子力ムラの強大な権力が立ちはだかってきた。脱原発をめぐって、民衆の力と支配勢力の権力とがぶつかり合い、鎬を削るような攻防が続いている。

人びとは、脱原発の声の高まりとデモの出現に希望を見出してきた。では、いかにすれば政治と選挙の場面でも希望をつなぐことができるのだろうか。

原発推進の安倍自民党の総選挙での勝利を阻むために、共同のたたかいを組むべきだという声や取り組みが始まっている。最も望ましいのは、脱原発（プラス消費増税反対、反ＴＰＰ）で一致する政党・党派・個人が共同リストを形成して、自民党と民主党に対抗する候補者をすべての選挙区で立てて選挙戦をたたかうことであろう。そうすれば、いくつかの選挙区で自民党の候補を落とす可能性が生まれる。

しかし、実際には自分の党の名前を出さずに共同リストの名称でたたかうという政党はない。社民党や共産党も、そうした共同リストを結成するイニシアティブをとろうとしない。残された方法は、脱原発運動の力を結集して、総選挙の比例ブロック（たとえば東京比例ブロック）で「脱原発」あるいは「原発ゼロ」を名称にした共同リストを結成して候補者を立てることである。

二〇〇九年の政権交代に期待を抱いた多くの人びとは、その後の民主党政権の相次ぐ変節によって極度に政党不信を募らせている。自民党の支持率が二六％（朝日新聞二〇一二年一〇月二二日）に回復したとはいえ、支持政党なしが四六％と最も多く、自民党・民主党を合わせた支持率（三七％）を上回っている。人びとは、既成政党全体に拒否感を持っているのだ。だから、その枠内での離合集散に人びとはうんざりしていて、民主党を批判して分裂した小沢一郎の「国民の生活が第一」への支持も高まらない。橋下徹が率いる「維新の会」が、既成の政党とは異質な存在として大きな期待と支持を集めたが、ブームはまたたく間に萎んだ。政党要件を手に入れるために、当選目当てだけの議員たちをかき集めたことで化けの皮が剥がれたことも、大きな理由である。

既成の政党システムに衝撃を与え亀裂を入れる「脱政党的政党」の役割を演じることができるのは、緑の党だけだと言ってよい。緑の党は、これまで棄権したり既成政党にしぶしぶ投票してきた多くの人たちにまったく別の選択肢を提供する。脱原発、それも脱経済成長主義の脱原発を掲げた緑の党が国政選挙で躍進することができれば、そのことは既成政党に強い衝撃を与えて危機感を抱かせ、脱原発の方向へ押しやるであろう。

民主党政権が変節し自壊しつつあるなかで、保守主義・国家主義に純化する自民党を軸にして政治再編が進行しようとしている。民主党は自民党との違いをなくし、新自由主義の「みんなの党」や「維新の会」が保守主義の補完役を演じようとしている。しかし、保守主義や新自由主義の勢力に対抗する左翼勢力として、共産党や社民党が伸長することも期待できない。にもかかわらず、次善の策として、市民運動や労働運動の担い手たちが「政党」としての社民党を支援・利用するという関係を選択するしかないという考え方もある。しかし、こうした社民党の活用という試みは、何回やってもうまくいかず、徒労に終わってきた。

保守主義と新自由主義の勢力に対抗する政治勢力を将来的な展望をもって登場させようとすれば、「緑の党」が独自の政党として国政に席を占めることが必要不可欠だ。社会運動の高揚と同時に、「緑の党」が国会に鮮烈にデビューしてはじめて、社民党や共産党を政治的な連携・連合へと動かすこともできるだろう。

緑の党を国政に登場させる選挙は、小さいとはいえ歴史的な実験である。多くの人びとが共感と力を注いでくれることを、私は願っている。

註

1　丸山　仁「『新しい政治』への挑戦」（賀来健輔・丸山仁編著『ニューポリティクスの政治学』ミネルヴァ書房、二〇〇〇年）

2　西田　慎『ドイツ・エコロジー政党の誕生』（昭和堂、二〇〇九年）

3　緑の党からする資本主義や経済成長主義への批判については、デレク・ウォール『緑の政治ガイドブック』（白井和宏訳、ちくま新書、二〇一二年）、足立力也『緑の思想』（幻冬舎ルネッサンス、二〇一三年）を参照されたい。

（初出『情況』二〇一二年一一月・一二月）

【追記】

私は、緑の党の創設（二〇一二年七月）に積極的に関わり、その後一年間は全国協議会委員として活動し、翌年の参院比例区の選挙戦を神奈川の地で担った。その経験も踏まえて、その後の経過を記しておきたい。

緑の党は国政での初議席の獲得をめざして、二〇一三年七月の参院選に一〇人の候補者（比例区九人、兵庫選挙区一人）を立ててたたかった。

この選挙では、自民党が一二年末の総選挙に続いて圧勝し、衆参両院で安定多数を手に入れた。対照的に、民主党は惨敗を重ねて少数政党に転落し、二大政党システムは瓦解した。維新の会とみんなの党は安倍政権ににじり寄るスタンスをとったが、伸び悩んだ。脱原発・反改憲・反TPPの立場をとるリベラル・左翼の対抗勢力（社民党、生活の党）は極少数派に転落した。そのなかで、共産党が安倍政権に対する批判や不安の受け皿として議席を伸ばし、脱原発を掲げた無所属の山本太郎も東京選挙区で当選した①。

緑の党は、比例区で四五万七八六二票、得票率〇・八六％を獲得したが、目標としての一議席獲得、得票率二％はおろか、最低目標の五〇万票、一％にも届かなかった。惨敗であった。

緑の党は、なぜ、人びとの安倍政権への批判や脱原発への思いを表現する受け皿になれなかったのか。

緑の党は、３・11の衝撃を受けた日本社会の変化を政治的に表現する役割を演じようとした。そこから、自らの社会的な支持基盤を次のような人びとに期待し、選挙戦で働きかけを試みた。（１）「緑」的な人びと、すなわち脱成長や環境保全に共感し、エコロジー的な暮らしや事業を実践している人びと、（２）脱原発、とくに原発即時ゼロを求めている人びと、（３）既成政党に不信をもち、新しい型の政治や政党に期待している人びとである。

結果から見ると、（１）の「緑」的な人びとの支持の獲得という点では、緑の党と「みどりの風」を合わせて八八万八五三五票であった。これは、二〇〇四年に「みどりの会議」が得た九〇万票と変わらなかった。「緑」をシンボルとする政党に投票する人が九〇万人存在することは確証できたが、「緑」的な人びとは３・11以降確実に拡大しているはずである。その意味では、緑の党は、その固有の支持基盤となるはずの「緑」的な広い人びとの支持を獲得することに失敗した。そうした人びとの運動や活動との間に交流・対話・協力の関係をつくり上げていく努力が、まったく足りなかった。このことを率直に認めなければならない。

（２）については、多くの政党が脱原発を掲げるなかで、脱原発を求める人びとの期待と支持を緑の党に引き寄せることは難しかった。

（3）については、緑の党は、議員中心の既成政党とは区別される「市民が立ち上げた政党」（参加民主主義）であるというアイデンティティを訴えた。その新鮮さやアマチュアリズムは、それなりの共感を得た。なかでも三宅洋平は、演説と音楽を融合させた「政治は祭り」を地でいって、新たな旋風を呼び起こした（個人名で一七万六九七〇票を獲得）。参加型・対話型の選挙活動に徹し、ネットを駆使し、これまで政治に関わっていなかった若者の強い共感を呼んだ。

しかし、緑の党自体は、誕生したばかりで候補者も含めて知名度もないままで、社会的な信用を得ることができなかった。多くの人びとにとって、将来性に期待するとしても、どういう人たちが作っている政党なのか分からず、投票の選択肢にならなかった。

緑の党の惨敗について、検証すべき二つの問題がある。

ひとつは、その主体的な力量の貧弱さや未熟さである。もちろん、異常に高い供託金のハードルを突破するべく、自力で選挙資金一億円を集めて国政選挙をやり抜いたことは高く評価できる。しかし、全国の会員とサポーター一五〇〇人のうち、積極的なアクターとして活動した人は限られていたし、経験も乏しかった。選挙戦の要となる地方議員は六〇名にすぎなかった。想定していたとはいえ、全国規模の選挙を組織戦としてたたかえるだけの力量がないことを痛切に思い知らされた。

もうひとつは、「緑の連合」を形成して選挙戦をたたかうことができなかったことである。

緑の党は、もちろん自らの主体的・組織的な力量の貧弱さや未熟さを自覚していたが、政治に潜んでいる可能性を最大限に引き出せば、小さな力でも風を起こせるという見通しに立っていた。その鍵のひとつは、既成の政党とは差異化される鮮明な主張を打ち出すことであった。もうひとつは、脱原発やエコロジーを追求する他の政治勢力や個人と連合を組んで、選挙をたたかうことであった。とくに、後者はインパクトが大きいと考えられた。

緑の党は、山本太郎や政党要件（国会議員五名以上）をもつ「みどりの風」との連携・連合を模索したが、結果的には単独でたたかうことになった。緑の党は、「緑の連合」的なもの（統一リスト方式）を提案したが、山本は無所属でたたかうことを選んだ。また、「みどりの風」は、政党要件を活かすために自分たちへの合流を強く求め、合意が成り立たなかった。また、緑の党は、市民が自ら資金もつくり候補者も予備選で選ぶ底辺民主主義をアイデンティティとしているが、「みどりの風」はすべて国会議員が決める議員中心の政党であった（選挙で大敗して国会議員がいなくなると、事実上消滅した）。両者の連合は、新しい政治や政党のあり方に背を向ける「野合」という不信を招く惧れも十分にあった。

緑の党として単独で選挙をたたかうしか道はなかったが、結果から見ればその限界も明らかになった。連合を組むことの困難さや試行錯誤を教訓化しながら、「緑の連合」の可能性を探ることが求められる。

緑の党の国政選挙への再挑戦は、現在の緑の党の同心円的拡大の延長線上には展望できない、と私は考える。緑の党の主体的・政治的力量を強めながら、〝広がりのある緑の党〟（「緑の連合」）を実現としてはじめて可能となるだろう。それはまた、より広いリベラル・左翼の対抗勢力を再生していく過程とも結びつき重なりあっていくだろう。

いまは、脱成長への共感や直接民主主義への思いが予想以上に広がりを持ちつつある時代である。また、共産党ではないラディカルな対抗勢力に期待する人びとが確実に存在する。ここに、緑の党が存立する根拠と登場できる政治空間を見出すことができる。

緑の党は、人びとから見ると脱原発（原発ゼロ）、反改憲、反TPP、格差是正といった主張や政策では共産党や社民党をはじめ他のリベラル・左翼の政治勢力とそれほど違いがない。他のどの政党もけっして主張しない独自の主張は、脱経済成長主義である。そして政党のあり方を含めた参加民主主義である。緑の党は、この際立ったアイデンティティを明確にしながら、さまざまの勢力や個人と連携・連合する試みを繰り返していくことが望まれる。

註

1　参院選の結果の詳しい分析について、拙稿「参院選・対抗勢力・安倍政権」（『季刊ピープルズ・プラン』第六二号、二〇一三年八月）。

【参考資料】

緑の社会ビジョン（緑の党）

私たちは、石油と原子力に象徴されるエネルギー大量消費型の文明に、踊り、踊らされてきました。かけがえのない太陽と地球の贈り物によってこそ〝いのち〟が育ち、輝くことを忘れ去り、おカネで計れるものだけを尊ぶような勘違いを続けてきました。

その結果、豊かな森・川・大地・海は破壊され、自然は悲鳴をあげています。わずか「一％」の人びとが世界の富を独占し、残りを「九九％」の人びとが奪い合うという歪んだ経済成長の仕組みによって、至るところで格差が広がりました。勝ち負けを問わず、人びとは不安と閉塞感のなかにいます。

そこに起きた〝3・11〟。

私たちは多くのものを失って、やっと気づきはじめました。経済成長神話こそが破滅への道であり、経済成長を優先する政治・行政・福祉・医療・教育などすべてのシステムが破たんしていることを。プロの政治家・官僚・専門家に重要な決定を預けてしまう「おまかせ民主主義」が、最悪の事態を招いていることを。

いま、私たちは、経済成長優先主義から抜け出し、〝いのち〟を重んじ自然と共生する循環型の経済を創りだします。「おまかせ民主主義」にサヨナラし、市民が自ら決定し行動する民主主義、討議し政治に参加する民主主義を実践します。そして、原発のない社会、エコロジカルで持続可能な、公正で平等な、多様性のある社会、平和な世界をめざします。

◆いのちと放射能とは共存できない！〝地産・地消〟の再生エネルギーで暮らす

原発のない社会を実現します。放射能に汚染された大地や海を次世代に手渡すことはできません。すべての原発をすみやかに廃炉にします。

同時に、石油に全面的に依存した暮らし方から脱け出します。「日本は資源のない国」ではありません。太陽・風・水・森林などの豊かで多様な自然資源を生かしたエネルギーを開発・普及させ、基本的に地域で〝地産・地消〟（自給）することをめざします。エネルギー消費量を思い切って減らしながら、再生可能な自然エネルギー一〇〇％の社会に転換します。

◆自然の循環と多様性のなかに暮らしを置きなおす

自然を征服と操作の対象としてきた近代の文明的枠組みからの大転換をめざします。欲望を無限に膨らませ便利さを追い求めて限りある資源を大量に消費する暮らし方から脱け出します。クルマをはじめ温室効果ガスを大量に排出し気候変動を促進するモノの使用と生産を思い切って減らします。

自然征服型の事業は中止します。自然生態系の循環と生物多様性を保全し、これを生かした風景を取り戻す事業を進めます。

自然生態系と人間の健康に取り返しのつかない害を与える可能性のある科学技術は、「予防原則」に立って封印します。

◆競争とサヨナラし、スロー・スモール・シンプルで豊かに生きる

経済と暮らし方をスローダウンし、おカネ（ＧＤＰ）だけでは計れない豊かさや富を手に入れます。弱

肉強食の競争によって効率性だけを追求し利益を最大化する経済から、分かち合いと協力・連帯によって人間らしい生活を営める経済に転換します。

より少なく働き、より少なく消費し、より豊かに生きる社会に向かいます。労働時間を大幅に短縮し、仕事を分かち合って失業を減らすと同時に、自由に使える時間を飛躍的に増やします。働き方も変え、尊厳ある働き方と多様な働き方を実現します。

再生可能エネルギー、農業、介護・医療・教育の分野で雇用と投資を増やします。モノとサービスと資金が地域内で循環し、働く場が創られるローカルな経済が主役となります。「土はいのちの源」という原点に立つ農業を再生します。

国境を越えるマネーの膨張と暴走を規制し、不安定さを増すグローバル経済によって暮らしが脅かされることを防ぎます。

◆格差と貧困をなくし、分かち合いを実現する

誰もが不安と孤立と貧困から脱け出し、自分の「居場所」を見つけられることが重要です。若者や社会的弱者に「自己責任」を押しつけず、政府や地方自治体による公的支援を拡充すると同時に、市民やコミュニティによる助け合いを活発にします。

すべての人に人間らしい生活を営める生存権を保障するために、ベーシックインカムの導入をめざします。誰もがいつでもどこでも安心して医療・子育て支援を受けられるようにします。子どもの教育や住まいなども公共サービスとして提供します。

公正な税制によって所得の再分配を行ない、格差をなくします。

◆性による差別・抑圧のない平等な社会へ

女性への差別をなくし女性が生きやすくなることは、その社会が誰にとっても自由で生きやすい社会に変わるためになくてはならない重要な一歩です。私たちは、性別役割分業から解放され、個人を単位とする社会を実現します。すべての人が性別にとらわれず、「自分らしく」生きられることをめざします。

◆子どもと未来を育む

未来の主人公である子どもたちは、どこで生まれて誰に育てられても、誕生・保育・教育・医療などの基本的な環境を保障されます。子どもは、血縁の家族だけではない「家庭」、保育所や学校、地域コミュニティのなかで育ちます。子どもは、「子どもの権利条約」に謳われている「自分らしく生きる権利」「意見表明権」を実現します。

◆多様で違ったあり方を認め合う

社会は、多様な人々から成り立っています。多様性を認め合う社会こそ、活気と豊かな文化を生み出します。女性・障がい者・性的マイノリティ・外国籍住民・先住民への差別や排除をなくし、すべての人が伸びやかに生きられる社会を創ります。

多民族・多文化共生の「そのまま違っていられる社会」を実現するために、当事者が自分たちに関わる事柄の決定に参加できる権利と仕組みの確立が重要です。

◆熟議と当事者主権にもとづく参加民主主義を実現する

政治は代表を選ぶだけではありません。市民が自由に声を上げ、討議し、行動し、参加して決定する民主主義を実現します。

政治的決定は、できるかぎり人々の生活に近い場で行なわれます。分権を徹底し、住民自治と市民主権を実現します。

情報公開を徹底し、市民が行政を監視し、重要な事柄は住民投票や国民投票によって決定できるようにします。

◆平和と非暴力の北東アジアを創り、戦争や暴力、差別のない国際社会をめざす

貧困と抑圧、暴力や差別、武力紛争や戦争のない社会をめざします。

憲法九条の堅持を国際社会に明言し、武力紛争や人権蹂躙、貧困や差別などを予防・解決するための外交や施策を積極的に展開し、その国際的な枠組み作りを進め、市民、コミュニティ、国家間の信頼や友好関係を発展させます。特に北東アジアでは、地域の非核化をめざすとともに、エネルギーや資源の共同管理と環境保全、歴史認識に関する議論を通して信頼関係と相互理解を深め、市民の交流と協力を基礎にした地域共同体をめざします。

沖縄と日本本土の米軍基地をなくし、徹底的な軍縮を進め、関係各国との友好関係を築き、軍事同盟としての日米安保のすみやかな解消を図ります。


（二〇一二年七月二八日、緑の党結成総会で採択）

第3章　国家権力をとらない革命——社会はどうやって変えられるのか？

Ⅰ　社会変革の構想って何だ？

白川　今日のテーマは、「社会はどうやって変えられるのか？」。こういうテーマで議論するといつもそうなんだけど、実際に社会運動に関わった人とそうでない人とでは、関心事がすごく違う。また運動に関わった人の間でも、いつの時代のどのような運動に参加したのかという体験の違いで、問題意識がずれてくる。そこが難しい。

裕一　それじゃ、若い世代にとって、今日の話は面白い話になるんですか。

白川　それは聞いてのお楽しみだけど。左翼が衰弱してきた理由はいろいろあるけど、左翼が主張してきた社会変革の構想や理論が人々を引きつける魅力を失ってしまったことがあることは間違いないね。

詩織　今の社会は悪くはなっても、良いものに変えられると思っている人は少ないんじゃないかしら。小泉（元）首相の「改革」を支持する人は多いけど、それは、既得権を守る役人を攻撃する小泉さんに同調して、気分がスカッとするからだけよ。「改革」によって希望の持てる社会になるとは、信じていないわよ。

裕一　でも、四〇数年前のベトナム反戦闘争や全共闘運動の時代には、世の中を丸ごと変えようと本気で思ってた人が大勢いたんでしょ。

白川　そうだよ。社会変革の構想をめぐって、熱っぽい議論がたたかわされていたんだ。社会変革の構想とは、（１）誰が、（２）どのような手段と道筋で現在の社会体制を覆して、（３）どのような新しい社会を創るのか、ということについての構想だよ。社会変革の主体は誰か、変革の方法は何か、オルタナティブな社会はどのようなものか、ということについての考え方や見取り図と言ってもいい。

詩織　いま、そういう議論はないんですか。

白川　そういう社会変革の構想は「大きな物語」と呼ばれて、評判が悪くなった。ソ連の崩壊によって最終的に社会主義の魅力や権威が地に堕ちたことが、それに拍車をかけた。現在の社会のあり方に疑問を抱く人たちは、シングルイシューの社会運動やＮＧＯ・ＮＰＯの活動に打ち込むようになったというか、悪く言えば埋没するようになってきた。社会を根本から変える見通しは、さしあたりカッコに括っておく、ということかな。もちろん、シングルイシューの運動や非営利の市民事業や〝地産・地消〟の農業が彩り豊かに発展することなしに、社会を変えるなんてことはありえない、と僕は思っているんだけどね。

裕一　でも、シングルイシューの運動やＮＧＯや地域活性化の活動に打ち込んでいる人たちも、今の世の中がこのままでいいとは思っていないんでしょ。

白川　もちろんだよ。現状に大変な危機感を持っている。だけど、自分がやっている運動や毎日の活動と社会全体の変革との間にどういう橋をかけるのかが見えないから、悩んでいるわけだよ。最近では、村おこしやまちづくり、風力発電とか有機農業とかオルタナティブな仕組みを作る試みが、グローバル市場競争の圧力にさらされて潰されたり困難に陥ることも多いようだ。反グローバリゼーションの運動が世界的に登場してきて、「大きな物語」への関心も復活しつつあると感じているんだけど。

詩織　それじゃ、今日の話はどういう内容になるんですか。

白川　新しい社会変革の構想を考えていくためには、これまでの社会変革の構想や理論がどのようなものであったかを検証して、その中から使えるものと使えないものを腑分けする作業が欠かせない。日本では、社会変革の理論は、自前のものよりも海外から輸入されたものがほとんどだった。反公害運動や地域住民運動などでは、自前のすぐれた理論が生まれたけどね。

II　国家権力獲得による社会変革──モデルとしてのロシア革命

国家権力獲得による社会変革の構想

社会を根本から変えることを、左翼は「革命」と呼んできました。革命とは、国家権力を獲得し、それをテコにして社会を上から下までそっくり変えていくことである、と。これは、共産主義的左翼だけじゃなくて、社会民主主義（社会民主党・社会党）まで含めた左翼に共通する考え方だった。厳密に言うと、共産主義者は、政権の獲得にとどまらず「国家権力の獲得」と言ってきたが、それは新しい政府を樹立するだけでなく軍隊や官僚機構による反抗を抑え込むために、それらを解体する必要があると考えていたからです。しかし、政権の獲得を第一の目標にしてきたことに変わりはありません。

政権を取ってこそ社会を変えられるという発想は、左翼だけのものではありません。およそ政党・政治家たるものは、左右を問わず「政権の獲得」を至上目的として行動しています。どんな政党も例外なく、政権病に取りつかれている。

考えてみると、社会の中で政権を取りたいと考えている人は、ごく少数なんです。世の中の「ふつう」の人は、社会が変わってほしいと考えてはいても、自分が政権を取りたいとは考えない。政治権力を獲得したいという欲望に取りつかれて行動している人は、ひじょうに少数で、おかしい人たちなんです。もちろん、政権を取っていろいろな制度変革を試みることは大事なことで、けっして軽んじてはいけない。しかし、政権を取ることがすべてであるといったこれまでの発想に水をかけ、頭を冷やして、政権を取ることの有効性を社会変革の一部分として限定的に位置づけなおす必要があると思います。

モデルとしてのロシア革命

国家権力の獲得を主要な手段にして社会を変革するという構想のモデルは、何といっても一九一七年のロシア革命です。ロシア革命が、二〇世紀において社会を根本から変えようとした運動や政治勢力がめざすモデルとなったことは間違いない。

ロシア革命をモデルとする革命のイメージは、どのようなものかというと、社会の中の進歩的な階級を代表する政党や政治勢力（たとえば共産党）が、現在の政権を打ち倒して政権を握り、権力を独裁的に行使して古い社会制度を変える。これはまた、一七八九年のフランス革命、具体的にはロベスピエール率いるジャコバン派が権力を握り反革命派とされた反対勢力を抑えこんでいくというジャコバン独裁を原点にしている。国家権力獲得を先行させる社会変革の考え方は、フランス革命からロシア革命に至る近代革命の歴史的経験を理論化したものだと言えます。

ロシア革命モデルでは、誰が社会変革の主体になるのかというと、プロレタリアート、すなわち労働者階級であるとされる。マルクスやレーニンによれば、プロレタリアートは資本主義（生産手段の私有制と労働力の商品化に基礎をおく社会体制）を転覆するという歴史的な使命を持っている階級であると意味づけられた。誰も、そんなことを証明できるわけはないのですが。

変革主体としてのプロレタリアートは、現実には労働組合や労働者自治組織（ソビエト、評議会）という姿で出現するか、プロレタリアートの利害を代表すると称する政党（共産党、社会民主党など）という姿をとります。ロシア革命の実際の過程を見ると、ボリシェビキという政党だけが政権を奪い取ったのではない。ソビエト、すなわち労働者が工場で作った全員参加の自治組織が実権を握り、そのソビエトに強く支持されてボリシェビキや左翼エスエルという政党が政権の座に就いたのです。

次に、変革の方法というか、政権を取る道筋はどういうものか。労働者のゼネストや農民の土地占拠のたたかいの上に、民衆の武装蜂起（武器をもった労働者や都市住民が蜂起する）と兵士の反乱で現在の政府を急襲して倒し、新しい政府（革命政権）を樹立する。そして、旧政権や旧支配階級（大地主や大資本家、教会など）の反抗を力づくで潰す。こういう急襲をかけて現政権を力づくで倒し新しい政権を樹立するやり方は、特別の例外的な政治状況がなければ成功しません。レーニンは、そういう特殊な政治状況を「革命的情勢」と呼びましたが、具体的には戦争が長引くなかで従来の政治・社会体制が自国の敗戦によってガタガタになるというような状況です。レーニンは「自国政府の敗北」によって「帝国主義戦争を内乱へ」というスローガンを出したわけです。

ロシア革命の特徴は、一晩で革命をなしとげたというか、短期間にどさくさに紛れて政権を奪い取ったことです。短期間とはいっても、実際には一九一七年の二月革命（三月、ロシア暦二月）で臨時政府が出現してから十月革命（十一月）でボリシェビキの手に権力が移るまでの過程があった。この過程は、労働者と兵士の自治組織であるソビエトが実権を握り、臨時政府と権力を分かち合う「二重権力」の時期でした。

ロシア革命の変質

ソ連型の社会主義の仕組みは、国家が社会生活をすみずみまで支配し、言論の自由も認めず、経済全体を計画経済で統制していました。ひじょうに抑圧的で評判が悪かったのですが、しかしロシア革命の後、最初からあのような社会を作ろうとしていたのかというと必ずしもそうではありませんでした。

政権の獲得によって古い社会制度を解体した後のオルタナティブな社会については、さまざまの社会像が競い合うように出されていた。スターリン支配下に作られた国有化プラス計画経済という「国有化社会主義」という構想は、必ずしも多数のものではなかった。市場経済を残しておいて、政府の計画とコントロールの下に組みこんでいくという「市場社会主義」も主張された。実際に、これは一九二〇年代前半に実行されたし、後に一九七〇年代のハンガリーで試みられました。

また、工場や農村で生産と消費の協同組合が作られ、それらが全国的に連合するという「協同組合型社会主義」、最近の言い方では「アソシエーション型」社会主義も、提示されていた。これは、後に旧ユーゴスラビアで自主管理型社会主義として実践されました。

さらに、革命の直後には政府軍（正規軍）は置かずに民兵組織だけが存在する、工場は労働者の自治組織が自主管理し、土地はミール共同体が管理するという社会像が主流を占めていた。

だが、ロシア革命は急速に、国家がすべてを取り仕切り共産党が独裁する体制へ移っていった。その大きなきっかけになったのは、共産党が権力を握ってから暴力を本格的に行使しはじめたことです。ロシア革命の当日は発砲もほとんどされず、革命派は武装をしていたが暴力を行使していない。軍隊の兵士たちが革命側についたから、暴力を振るう必要がなかったわけです。「軍服を着た農民」である兵士たちは革命が勝利すると、土地の配分に参加するために軍隊を離れて農村に帰っていき、軍隊は消滅していった。しかし、共産党は国家権力を握ってから、帝国主義列強の干渉戦争が始まったこともあるのですが、政治的に対立する勢力に弾圧を加え、戦争状態に入ります。

レーニンは、憲法制定議会の選挙で共産党が少数派になると、下野しないで議会を解散させ、「プロレタリアート独裁」の名で共産党の一党独裁に移りました。レーニンとトロツキーは、共産党の独裁に反対しソビエトの自治と民主主義を要求するクロンシュタットの反乱を、軍隊を差し向けて鎮圧した。こうして労働者自治機関のソビエトは形骸化し、農民の自治的なミール共同体は次第に解体させられていった。ロシア革命は変質し、スターリン体制に行き着いた。スターリン体制は、ロシアの工業化と経済成長に成功しましたが、強制収容所、反対派の処刑、少数民族の強制移住など個人の自由・人権や少数民族の自治を根こそぎ奪う史上まれに見る抑圧的な独裁体制となったのです。

ロシア革命の変質の原因は、スターリンのせいだけではない。レーニン、ひいてはマルクスの「プロレタリアート独裁」理論そのものにあります。もっといえば、国家権力の獲得を主な手段にして社会を変えるという路線の必然的な帰結である、と言わねばなりません。ロシア革命でも、共産党は国家権力を握るときには暴力を使わなかったが、国家権力を握ってから暴力を本格的に行使した。中央集権的な軍隊と官僚機構を作りあげ、国家の暴力を敵対勢力や政治的反対派、さらに民族的・地域的自治の志向の強い集団に向けていった。暴力を行使するから、社会的緊張が高まり新たな敵対が生まれ、それが暴力のいっそうの行使を必要とするという暴力の悪循環が起こった。そして、最初は都市住民用の食糧を強制的に調達するために、後には農村から富を収奪して工業化を強行するという経済建設の路線を採ったことから、国家の暴力を農民に向けて行使した。こうして、共産党は農民の大多数を敵に回し、暴力で支配することになりました。

III 「長期にわたる革命」の構想

機動戦と陣地戦

ロシア革命はこのように変質していったのですが、しかし、ロシア革命の勝利は全世界の労働者や被抑圧民族の人びとにものすごい感激と衝撃をあたえました。ふつうの労働者が天下をとったという報道が、当時の日本でもされた。ロシア革命をモデルにする社会変革の構想や理論は、世界のいたる所で受け入れられていった。日本でもそうです。共産党はむろんのこと、社会党（社会主義協会）も、戦後長い間ロシア革命モデルを受け入れてきました。新左翼党派の大多数は、共産党が議会主義に走ってロシア革命モデルに忠実でないことを批判して、自らがその復権をめざすという立場をとりました。

ロシア革命直後に話を戻しますと、ロシア革命モデルの受け入れは、ドイツをはじめとする西ヨーロッパで共産党の手によって試みられたが、そこではたちまち大きな壁にぶつかりました。ドイツでは、ロシアと同じく敗戦によって革命が起きて帝政が崩壊し、社会民主党の右派を中心にした政権が生まれた。ここまではロシアと状況が同じで、共産主義者はレーテ（評議会、労働者の自治組織でソビエトと同じもの）の主導権を握って革命政権を樹立しようとしたんですが、労働者の支持をほとんど得られず、失敗する。その後も武装蜂起による政権奪取の行動を起こしますが、惨めな敗北に終わった。

どういう壁にぶち当たったかというと、現在の政権を急襲して一晩で政権をひっくり返すことなどできないという現実です。西ヨーロッパの社会は、ロシアとは社会構造や政治システムがまったく異なる。既存の政治体制がガタガタになる特殊な例外的政治状況はなかなか発生しないし、たとえ発生しても社会構造が堅固で揺るがない。急襲をかけて国家権力を取るというやり方が通用しない。国家権力の獲得をめざす「長期にわたる」準備とたたかいが必要だということを思い知らされるわけです。

そのことと関連して、もう一つは、武力で現政権を倒す方法ではなく、選挙を通じて議会の多数派を獲得し平和的に政権を取る方法のほうが可能かつ有効ではないかという問題に直面します。ロシアでは議会は形だけのものだったので、労働者や兵士の自治組織ソビエトが民意を反映する唯一の機関となり、社会主義政党がその上に乗っかった。しかし、ヨーロッパの場合、議会の役割が大きく、政治制度として根づいている。議会抜きに政治は語れない状況があるわけです。共産主義者も、ロシア革命を否定的に評価した社会民主主義者がめざしてきた議会を通じる社会変革の方法を採用するのかどうかの選択を迫られることになったのです。

「長期にわたる革命」という問題をいち早く自覚的に提起したのは、イタリアでファシズムとの闘争に敗れて投獄されていたアントニオ・グラムシでした。グラムシは「東方［ロシア］では国家がすべてであり、市民社会が原生的でゼラチン状であった。西方［西欧諸国］では、国家がぐらつくと、たちまち市民社会の頑丈な構造が姿をみせた。国家は第一線塹壕にすぎず、その後ろに要塞と砲台の頑丈な系列があった」。したがって、「一九一七年に勝利のうちに東方に適当とされた機動戦から、西方では唯一つ可能な形態であった陣地戦に変える必要がある」(1)、と提起しました。

議会を通じての政権獲得――人民戦線の経験

議会を通じる政権の獲得の可能性という課題は、フランスとスペインでファシズムの台頭とたたかう人民戦線の運動を通じて実践に移されました。一九三六年には、両国で人民戦線政府が出現した。これは、共産党が社会党や中間派政党と手を組んで統一戦線を結成し、国民の多数派の支持を獲得する、それによって議会の多数派を占めて政権の座に就くという方法でした。こうした方法は、共産党とその傘下の労働組合や社会運動の勢力を同心円的に拡大して、来るべき武装蜂起に備えて力を蓄えるといった路線とは異質なものでした。

そこで、コミンテルンの統制下にあった西ヨーロッパの共産主義者たちは、ジレンマに立たされて悩むわけです。共産党の総本山はモスクワにあったが、その最高権力者であるスターリンは、人民戦線の運動を鼻から無視し続けた。ですから、西ヨーロッパの共産主義者は、人民戦線の運動に参加してこれを積極的に推進するんですが、理論的にはロシア革命モデルを忠実に守るという態度をとった。そのため、人民戦線政府に参加するかどうかをめぐって揺れ動きました。最初にイタリア共産党が、フランスやスペインの人民戦線や自分たちのレジスタンスの経験を踏まえて、「国民の多数派の支持を獲得し、議会を通じて政権を平和的に獲得する」という路線を公式に打ち出したのは、ずっと後になって、スターリンが死ぬ（一九五四年）のを待ってからのことでした。

日本では、議会を通じる政権交代が社会を大きく変えるきっかけになるという経験を持てないまま来ました。社会党首班の片山政権（一九四七年〜四八年）も村山政権（一九九四年〜九六年）も保守政党との連立で、重要な政策転換を行わなかった。共産党も、人民戦線運動の歴史的経験を欠いたこともあって、議会を通じる政権獲得という構想を正面に押し出すのは一九七〇年代に入ってからのことです（「革新統一戦線の上に立つ民主連合政府」論）。しかし、党名変更によるオープンな左翼政党への脱皮を拒む頑な姿勢もあって、共産党による政権獲得の可能性は、最近ではますます失われつつあります。

新左翼党派は直接行動を展開しながら、理論的にはロシア革命モデルに回帰していたから、議会で多数派をとるという構想を激しく批判しました。しかし、六八～六九年の青年学生の反乱が教えたように、人びとの巨大な直接行動が燃え上がっても、その延長線上に「武装蜂起による革命政府の樹立」を実現することは不可能である。そうすると、「国家権力の獲得を先行させて社会変革の主要な手段とする」というパラダイムに固執するかぎり、国民的多数派の支持を獲得し議会を通じて政権を獲得する、具体的には社会民主主義政党を中心とする政府を成立させるという構想を選ばざるをえないというジレンマに陥ります。議会主義を採用するのか否定するのかという論争も、国家権力の獲得を最優先する社会変革の構想というコップのなかの争いにすぎなかったと言えます。

社会民主主義の政権の役割

それでは、社会民主主義的な政策をとる「よりまし政権」の出現をどのように考えればよいのか。私は、社会民主主義的な政権（あるいはリベラル的な政権）の成立が社会変革の中心的な役割を果たすものだとはけっして考えませんが、しかし、それが社会変革にとって不可欠の重要な役割を担うだろうと考えています。

歴史的に見ると、西欧や北欧の国々では社会民主主義政権の出現は、市場万能主義にブレーキをかけて社会制度を大きく変える役割を果たしたと言えます。労働時間を短縮するとか社会保障制度を整備するとか男女平等の実質化や環境対策や移民の権利保障といった面で、社会民主主義政権は、労働運動や社会運動の政策的な要求や主張を制度化してきた。もちろん、新自由主義の保守政権の下でも、社会運動が高揚し国際的な圧力が強まる場合には、運動の要求や主張が制度として実現されることがあります。国連での女性差別撤廃条約の成立を背景にした日本での男女雇用機会均等法の制定などがそうです。しかし、社会民主主義的な政権の成立のほうが、市場主義を規制する政策的要求の制度化を促進することはたしかである。

とはいえ、社会民主主義政権による人権・環境保全・労働者保護などの政策の制度化には、大きな限界があります。それは、その制度化が一国的な枠組みを閉じることによって成り立つということです。経済的に豊かな国の「国民」だけが手厚い社会保障サービスを受け取る、労働時間の短縮を手に入れることになる。一国の枠を越えて制度改革を押し広げようとするまでにならない。「国民」ではない住民である移民に対して「国民」と対等な権利、たとえば地方参政権などを与えることに踏み出した社会民主主義政権は、数少ないんです。

さらに、グローバル化の時代になると、社会民主主義政権が一国内で行った制度改革が潰されてしまうことが起こる。例えばフランスでは社会党と緑の党の連立政権の下で週三五時間労働制になりました（二〇〇〇年）。しかし、いま世界的にはアメリカを先頭にして労働時間は逆に延長される傾向が強まっている。グローバル市場競争に勝てないという理屈で、週三五時間制から逆行する流れが勢いを増している。こうした逆流に対して、国民国家の枠組みを使って規制しようとしても上手くいかないわけです。

Ⅳ　人民戦争とその理論

第三世界における社会変革

西欧以外の植民地化されていた国々では、社会変革をめざす人びとは、植民地主義者や帝国主義の侵略軍を追い出して民族独立を達成することを社会変革の中心目標にしました。そこでも、強大な物質力をもつ植民地支配者や侵略軍を打ち破るためには、急襲による国家権力獲得というロシア革命型のやり方は通用せず、「長期にわたる革命」が求められた。「長期にわたる革命」は、民族解放闘争のなかでは人民戦争という形態をとりました。

民族解放闘争はほとんどの国で、武器をとってたたかうという形態をとった。中国（一九二七年～四九年）、アルジェリア（一九五四年～六二年）、ベトナム（一九四五年～七五年）などが典型です。インドは武装闘争によらないで独立を達成しましたが、むしろ例外的です。民族解放をめざす武装闘争は、武力の点では圧倒的に劣勢なところから出発しますから、長い時間がかかるたたかいにならざるをえませんでした。

人民戦争は、強大な軍事力をもつ敵に対して、多くの民衆が長期にわたって武器をとって抵抗し、最後には侵略者とその手先の政権を追い出して新しい政権を樹立するという方法です。それは、武器や訓練の水準でも兵力でも圧倒的に劣っている抵抗者が、なぜ、最終的には勝つことができるのかという問いに対する答えとして導きだされたものです。

その特徴は、抵抗する側の正規軍（プロの軍隊）は少数で武器も粗末だから、植民地主義者や侵略者の軍隊とまともにたたかっても勝てない。だから、正規軍を中心にするのではなく、民兵、つまり日頃は鋤・鍬をとって働いているが敵が攻め込んできたときには武器をとり兵士となってたたかう人びと、さらに女や子どもまで含めて武器をもたない民衆と一体になってたたかう。たたかい方も、正規戦ではなく、地の利を生かした遊撃戦、ヒットエンドランの戦法を主なたたかい方としました。人民戦争を理論化した毛沢東やボー・グェン・ザップは、次のように言っています。「革命戦争は大衆の戦争であり、戦争をするには大衆を動員する以外になく、大衆に依拠する以外にはない[2]」。「武装勢力のみが敵と戦うのではなく全人民の力量を動員し、組織する[3]」。

もうひとつの特徴は、軍事力や武器の力よりも、政治的・道義的な優位性に依拠してたたかい、侵略軍を孤立させるということです。毛沢東は「鉄砲から政権が生まれる」ということを終世信じていた人ですが、もう一方では武器だけでは勝てないと言い、武器の力だけに頼ろうとする唯武器主義を批判している。「武器は戦争の重要な要素であるが、決定的な要素ではない。決定的な要素は人間であって物ではない[4]」。ボー・グエン・ザップも、「人的要素と政治・精神的要素は、もっとも決定的なものである」、「われわれが敵と比べて政治面と精神面で絶対的な優位をもち、敵がわれわれより物質、技術面で強い立場にあるという条件の中で」たたかうんだと強調しています[5]。

抵抗する側、民衆の側に政治的な道義性・正当性があり、政治的・道義的な優位性がある、それが最大の武器になるというわけです。これは、人民戦争にかぎらず、およそ民衆のすべての抵抗運動や解放闘争に共通する最も重要な点だと言えます。

農民の革命

人民戦争という社会変革の方法では、変革の主体は農民、とくに土地なき農民でした。ロシア革命のときの社会変革の主体は労働者階級だとされ、実際に工場の労働者が立ち上がって自治組織（ソビエト）を作り事実上の権力を握った。もちろん、軍服を着た農民である兵士や農村で立ち上がった共同体の農民と手を組んではいたのですが。中国やベトナムには都市の労働者階級はきわめて少数で、社会の大多数を占めたのは貧しい農民だった。ですから、人民戦争は農民の抵抗戦争だった。土地なき農民が社会変革の主体になったわけです。

この現実は、「労働者階級が社会変革の主体である」という神話を信じこんでいた共産主義者を大いに悩ませた。現実と理論がまったく合わないわけです。毛沢東は大の女好きで、権力をとってからは無茶くちゃなことを一杯やるんですが、革命家としてひじょうに優れたところがあった。それは、農民が反乱すると王朝がひっくり返って命が革まった（革命が起こった）という中国の歴史からして、中国では農民が立ち上がらなければ社会は変わらないという信念をずっと持ち続けていたことです。これは、当時の世界の共産主義者のなかでは珍しいことだった。そして、中国では実際に農民が立ち上がり、その支持を獲得して共産党が権力を握ることに成功した。

社会変革の主体はどこかにあらかじめ存在しているわけではない。労働者階級だけが社会を変える主体なのではなく、現在の社会では人間らしく生きられないと感じている人びとが抵抗に立ち上がり、自らのあり方を変革（自己変革）しながら、いろんな人びとと手を結んでたたかうなかから、変革の主体ができてくる。これは、人民戦争の経験が教える大事な点です。

とはいえ、当時の中国やベトナムでは、共産主義者は、労働者階級が社会変革の主体であるという神話を捨てられなかった。そこで、規律と組織性をそなえた共産党と革命軍（労農紅軍など）に「プロレタリアート」の役割を代行させた。実際には農民の抵抗戦争であったが、「プロレタリアート」が指導し農民と同盟してたたかっているという理屈を捻りだした。人民戦争では、実際にも理論の上でも共産党が組織した革命軍の役割が際立って大きくなります。そのことが、国家権力の獲得の過程とその後の社会建設に重大な歪みをもたらしました。

解放区＝根拠地の形成

ヨーロッパでは、「長期にわたる革命」の過程で議会が重要な位置を占めました。しかし、植民地化された国々では議会など存在しない。そこでは、何に依拠して「長期にわたる革命」をたたかっていけばよいのか。そのひとつの答えが、抵抗者の側が自治・自活できる単位を創りだすということでした。「解放区」とか「根拠地」とか呼ばれるものです。

「解放区」＝「根拠地」は、敵の侵犯を許さない自由な政治空間です。そこでは、税金を徴収し、独自の行政機関を作り、地主の土地を取り上げて貧しい農民に土地を分配した。そして、旧い因習をなくし、教育活動に乗り出した。こうして、政権を取る前に、解放区が新しい社会のモデルとなり、政治・社会・文化のすべての面で変革を進める「総体革命」（トータル・レボルーション）の実験場となったわけです。

中国共産党にとっては、解放区は国家権力を取るための足がかりにすぎなかったが、国家権力の獲得のずっと前に、新しい社会のモデルがあちこちに作られたことは注目すべきことです。これは、国家権力の獲得を先行させる社会変革の構想とは異なる社会変革の可能性を示しています。もちろん中国の解放区＝根拠地は、革命軍によって守られていた。しかし、武器を持たなくても、対抗社会という意味での「根拠地」は創りだせるのではないか。人民戦争から何を学ぶかというときに、「根拠地」という発想は有効なのではないか、と私は考えています。

しかし、現実には、人民戦争も侵略軍との長い戦争の過程で正規軍を形成し、その力がどんどん強くなり、軍事的にも敵を圧倒するようになった。共産党が組織した正規軍が、中国では蒋介石の国民党軍を撃破して本土から追い出す。ベトナムではアメリカ軍と政府軍を打ち破る。最後の局面では軍隊が勝つ、軍事力によって現政権を倒して国家権力を取ったわけです。正規軍はそのまま維持され、共産党の中央集権的な組織と並んで、新しい国家の骨格になっていった。共産党と革命軍は、解放者という権威をバックにして誰のコントロールも受けずに権力を独裁的に行使するようになる。人民戦争を通じて国家権力を獲得するという路線も、革命が民衆を抑圧する体制に変質するという法則性から逃れることはできなかったのです。

日本での人民戦争論の受け入れ方

日本に人民戦争論を受け入れて、実際の運動に適用しようとする試みは、三つぐらいあったと思います。

第一は、人民戦争は何と言っても武装闘争ですから、これを取り入れて武装闘争やゲリラ戦をやろうという試みです。第三世界の民族解放闘争が武器をとってたたかっている姿を見て、日本でも武装闘争に踏み出すべきだという主張や願望が、七〇年代初頭には私たちの党派を含めて新左翼党派を覆いました。投石したり火炎瓶を投げるといった大衆的実力闘争では勝てない、銃や爆弾を使うべきだ、革命軍を作るべきだ、と。これは人民戦争論の一番ダメな学び方だったと今では笑って言えますが、当時は大真面目に主張された。それに疑問を呈すると、日和見主義だと叩かれた。連合赤軍事件の悲惨な結末（一九七二年）によって、革命軍建設による武装闘争という路線は尻すぼみになりました。共産党は新左翼の暴力主義を批判したが、共産党自身も五〇年代には人民戦争論を輸入して失敗していたのです。

第二に、人民戦争が魅力的であったのは、六〇年代後半からベトナムを先頭にして第三世界の解放闘争が世界中で勢いよく発展していたからです。中国やベトナムの人民戦争は農村から都市を包囲するという戦略をとりましたが、これを世界大的に普遍化して第三世界の武装解放闘争が先進国を包囲して世界革命を実現するという構想が提唱されました。「世界の『農村』による『都市』の包囲」(林彪)という理論、すなわちマオイズムが、当時はある種のリアリティをもち、大きな共感を呼んだ。新左翼党派のなかから、私たちのように「第三世界解放闘争への合流」を主張する流れが強まりました。

これは、半ば当たっていたと思います。ベトナム人民がアメリカに打ち勝ったのですから。しかし、ベトナムの勝利はアメリカの支配を大きく後退させたが、世界全体を変えるたたかいの発展にまで連続しなかった。第三世界の武装闘争は、パレスチナや中南米でも行き詰った。日本国内でも、フィリピンのＮＰＡ（新人民軍）の武装闘争への連帯を最後にして、八〇年代後半には武装闘争への共感が失われていきます。私たちは、第三世界で革命が次々に起こって社会が変わり、それを追いかける形で先進国の社会変革が可能になると想定していた。しかし、実際にはそうした展望が失われてきたわけですから、人民戦争を普遍化した第三世界解放革命論を、今から見るとどう評価するのか。きちんとした検証作業が必要だと考えています。

第三に、人民戦争のなかで芽生えた「根拠地」に注目して、これを日本に独自の形で創りだそうという試みです。中国やベトナムの人民戦争における根拠地は、武力を備えて侵略軍や政府軍と対抗することによって自治の社会空間を確保しようとした。しかし、必ずしも武器を持たなくても、何らかの実力を保持しながら多様な形態で自治的な対抗社会を形成できるのではないか。三里塚闘争のなかで前田俊彦さんたちが「根拠地」の可能性を語りましたし、私も根拠地という発想に大いに共鳴しました(6)。

第四に、人民戦争の経験のなかから、その主体が農民であったことに学んで、「社会変革の主体は労働者階級」という神話をひっくり返す作業も進みました。そして、三里塚闘争や地域住民運動の現実を対象化しながら、社会変革の主体を、闘争や運動のなかでさまざまの階級や階層の人びとが連合し相互に変革しあっていく過程で形成されるものとして捉える。そういう主体像を導きだす作業が行われたことも、忘れてはならないと思います。

V　自治と対抗社会形成――「国家権力をとらない革命」

権力をとらない民衆の蜂起と自治――サンキュロット主義

社会変革の構想を捉えかえすために、ここまでロシア革命型の急襲による権力奪取、議会を通じる左翼政権の成立、人民戦争による国家権力の獲得という歴史的事例を取り上げてきました。それらに共通するのは、国家権力を取ることによって社会を変えるという発想でした。しかし、大きな革命や民衆運動のなかには、国家権力や政権の獲得をめざす表の流れとは違う、自治の実現や対抗社会の形成をめざす運動の流れが必ず見出される。それは、「われらの世界」を創る運動、「国家権力を取らない革命」という社会変革の試みであったと言えます。

フランス革命では、国家権力を握ったジャコバン派の革命的独裁だけではなく、パリをはじめとする都市の民衆（サンキュロット）が蜂起して、自分たちのコミューンの自治を実現する動きがありました。サンキュロットは、自分たちをセクション総会に組織して蜂起したが、議会から権力を奪おうとはしなかった。彼らは自立性を保ちながら、公安委員会を通じるジャコバン党の独裁を監視した。両者の間には緊張をはらんだ協力関係が成立したのですが、両者は次第に対立するようになり革命が変質していった。フランス革命も、権力を握って革命的独裁をおこなったジャコバンと権力を取らないで自治をしながら権力を監視するサンキュロットという二つの違った流れから成り立っていたと、読み替える必要があるのです。

共産党の政権奪取とソビエトの自治

ロシア革命もそうでした。それは、ボリシェビキ（共産党）と左翼エスエルが政権を取った革命、レーニンが革命政府の首班になるボリシェビキ革命だったとされています。しかし、ロシア革命は、都市と工場で労働者代表ソビエトが出現し自治を実現する、そして全国の農村でミール共同体が再生し自治を実現する、さらに周辺部で帝国に抑圧されていた民族の反乱が起こり自立するという革命でもあったのです。

ロシアでは、敗戦の色が濃かった一九一七年二月（ロシア歴）に革命が勃発し、自由主義者による臨時政府が成立したが、同時に労働者代表ソビエトや兵士代表ソビエトが結成され自治を実現していった。臨時政府とソビエトが共存し実権を分かち合う二重権力状態が出現したわけです。ソビエトは兵士委員会を通じて軍隊を掌握して臨時政府への発言力を行使し、同時に全国的な連合を作りました。そして、戦争を継続する臨時政府への不満が高まるなかで、左翼の影響力が強まった地方のソビエトは地方レベルの権力を掌握していった。臨時政府の命令にもはや誰も従わなくなる。それを背景にして、一〇月に首都のソビエトが臨時政府を無血で倒して権力を掌握した。ボリシェビキによる権力奪取は、ソビエトの多数派の支持を得ることによって可能となったのです。こうして、革命政党のボリシェビキと労働者の自治機関であるソビエトが協力する関係が成立したわけです。

しかし、革命が勝利すると、共産党とソビエトの協力関係は崩れ、対立関係に入っていきました。共産党は治安機関を握って反対派に暴力を行使する一党独裁に転じていき、ソビエトの自治が抑え込まれていったからです。それに対する抵抗がクロンシュタットの水兵と労働者の「反乱」でした(一九二一年)。彼らは、ソビエトの改選と自由選挙の保障、言論・出版の自由など真っ当なことを要求しただけなんです。これに対してレーニンとトロツキーは軍事的な鎮圧を強行し、労働者の自治は絞め殺されました。

共同体の自治の革命

労働者代表ソビエトは自治機関ではあったけれど臨時政府から権力を奪い取る行動に出たんですが、農村のミール共同体は違いました。反乱を起こし地主の権力を覆しますが、国家権力の獲得には無頓着で自治を実現することに徹しました。

革命前のロシアでは、大地主による支配が行き詰まったため共同体の土地を分割して私有地にする「ストルイピン改革」と呼ばれる土地改革が進められていました。しかし、農村で立ち上がった農民たちは、地主の土地を没収すると同時に、ストルイピン改革も認めず、共同体から脱退した農民の私有地(オートルプとフートルと呼ばれました)をすべて共同体に再統合した上で、土地の再配分を実行した。農地を均等に分けたのですが、私有地にするのではなく使用権だけを均等に分けた。これは土地の「総割替」と呼ばれ、伝統的な原理である「勤労原理」(土地は誰のものでもない)

と「均等原理」にもとづいて共同体の農民に平等に使用権を割り当てたわけです。

戦後日本の農地改革に見られるように、地主の土地を農民に分割して自作農を創出する「改革」は、農民の反体制的なエネルギーを骨抜きにする妙策なんです。ロシアでは、そうした上からの土地「改革」に先んじてというか、ストルイピン改革が進行中だったので間一髪の差で、農民による共同体の革命が成功したと言えます。この共同体の革命は、共同体所有の復活による土地の私有の廃止（土地の社会化）を意味したが、共産党がめざしていた土地の国有化という路線と対立しました。

共同体が復活すると、どうなったか。農民たちは土地を自由に耕せるようになったから、はじめて腹一杯食べることができた。そのことは、都市に売る穀物を急減させ、食糧危機に陥った都市から流出する人間が続出した。そうなると、都市で権力を握っている共産党政権の物質的基盤は、崩壊の危機に直面する。

そこで、共産党政権は農民に食糧を提供させせなければならないが、農民のほうは食糧を売る必要性を感じていなかった。戦争が終わって兵役もなくなり、自分たちで土地を分かち合い、腹一杯食って、共同体の自治を享受していた。共同体を指すミールには、「平和」という意味もあります。やっと「平和」を手に入れた農民にとって都市のことは関係ない、自分たちは自分たちで自治をやるだけで十分だった。

困った共産党政権は、農民からの食糧の強権的な徴発に乗り出し、農民と衝突した。農民の抵抗の前に、レーニンは譲歩を迫られ、穀物の自由販売政策（ネップ）に転換します。しかし、レーニン死後、共産党政権と農民の衝突が繰り返され、スターリンは一九二〇年代後半から全面的な農業集団化を強行した。これは、「上からの革命」と称され、暴力によって共同体を根こそぎにし、農民の自治の息の根を止めた。スターリンはこれによって農民から食糧を取り上げて、工業化を推進した。(7) このやり方は、第二次世界大戦後に発展途上国で行われた開発独裁の方法の先駆けです。

コミューン革命論

ロシア革命のなかには、ボリシェビキによる権力獲得の革命だけではなく、農民が立ち上がって自分たちの村で支配者を追い払い自治を実現するという革命があった。これをコミューン革命と呼びます。国家権力を取らないで自分たちの自治を地域で実現する。

中国やベトナムの人民戦争のなかで生まれた根拠地も、コミューン革命という一面を持っていたと言えます。根拠地は、共産党にとっては国家権力を獲得する足がかりという手段にすぎなかった。一挙に政権を取ることが難しい状況のなかで、農村の根拠地を広げていって都市を包囲し、最後に侵略者を追い出して、かいらい政権を倒すという戦略の一環でした。しかし、根拠地は、国家権力を獲得する前から、土地の再分配を実行し、オルタナティブな社会の原型を創る実験場という役割を果たした。そこには共産党の政権というか行政機関が存在していたとはいえ、農民にとっては自治の空間という意味が大きかったかもしれません。

日本でも、ロシア革命や中国革命のなかのコミューン革命という面に注目し、そういう社会変革のコースを探る作業が行われなかったわけではありません。しかし、コミューン革命の考え方は、新左翼のなかでも少数派でした。コミューン革命論は、古い伝統的な共同体を理念的に美化したり、周辺部に残る共同体に限定して構想されるという弱点があったと思います。しかし、コミューン革命の構想は、自治の実現と対抗社会の形成をめざす運動や理論という形で継承されていると言えます。

対抗社会形成をめざす新しい社会運動

いま世界のあちこちで、自分たちの手で新しい原理に立った対抗社会、オルタナティブな社会を小さな規模で創っていく動きが広がっています。これが現代の特徴と言えます。

典型的な例のひとつは、発展途上国で人びとが自主的な互助（助け合い）の仕組みを創る試みが広がっていることです。農村部で貧しい人びと、とくに女性に小さなグループを作ることを受け皿にして少額の融資を行い、自立を促すバングラデシュのグラミン銀行が有名です。そうした仕組みは、水牛銀行、コメ銀行といった形で見られますし、農民や自営業者の協同組合も作られている。発展途上国では農業や小さい企業に対する公的な融資制度も社会保障制度も整備されていないから、人びとは、生きのびるために連帯の原理に立った互助・互酬の仕組みを創りだし、それに頼らざるをえない。

こうした自主的な互助の仕組みは「連帯経済」などと呼ばれています。こうした仕組みによって人びとは、グローバルな市場経済が発展途上国の経済全体を呑みこみ、農村部の共同体や地場の市場を破壊し、人びとを失業や貧困に陥れている状況に対して、自立と連帯の道を探っているわけです。そこでは、自然生態系の均衡と循環を壊す大規模開発に対抗して、エコロジカルな生産や経済のあり方が試みられています。牛や鶏の糞を堆肥や燃料に利用することを媒介にして農産物の栽培と畜産を結びつける有機農法や複合経営、森の保全と水循環の確保などが追求されている。地場の市場を維持し、地域内でモノとカネが回り労働が交換される循環型の経済がめざされています。

先進国でも、地域循環型の農業や生活の仕組みを創りだす実験や地域分散型エネルギーを開発する事業が行われています。たとえば、前者の例として山形県長井市で菅野芳秀さんたちがやっているレインボープランがあるし、後者の例としては市民基金による風力発電などが挙げられます。レインボープランは、市民の家庭から出る生ごみを堆肥に変え、地元の農家がこれを畑に入れて野菜を作り、再び市民の食卓に提供するという地域内物質循環の仕組みです。

モノだけではなくお金も地域内で循環させようという試みが、最近ちょっと伸び悩んでいるようですが、地域通貨、コミュニティ通貨の発行の動きです。これは、アメリカのイサカアワー、アルゼンチンのRGT、千葉の「ピーナッツ」、滋賀県の「おうみ」など多様な試みがあります。

さらに国境を越えたオルタナティブな社会形成の一歩として、フェアトレードの運動や事業があります。コーヒーやバナナなどを、発展途上国の生産者がコストを償い生活できる公正な価格で取引するもので、途上国と先進国のそれぞれに協同組合を組織して協力しあう形がとられていることが多い。

こうした運動をどういう人たちがやっているかというと、第三世界では元は武装闘争をやっていた活動家が多い。武装闘争によって国家権力を取って社会を変えることに賭けていた人たちが、その路線の挫折の経験から学んでオルタナティブな社会形成の運動に関わるようになったと言われている。時代のひとつの特徴であろうと思います。

日本でも、対抗社会形成をめざす運動が七〇年代にさまざまな形で起こってきました。そのいくつかは、抵抗闘争のなかから闘争を持続するために「自分たちで飯を食う」必要性に迫られて始まった。労働運動では、会社の倒産と全員解雇の攻撃に対して、経営者が逃げてしまって残された工場と生産設備を自主管理し、何とか資金繰りをつけて自主生産を行う。ペトリカメラやパラマウント製靴など自主生産の運動が次々に起こりました。また、国鉄の分割・民営化の攻撃で解雇された労働者が作る国労闘争団は、北海道ではまち起こしの一環として事業に取り組みました。三里塚でも、青年行動隊のメンバーが闘争を続けるために、農業の営みに目をむけ仲間どうしが協力して有機農法をスタートさせ、支援者との間に産地直送の運動をスタートさせました。

他方では、反近代文明の思想や共同体の再評価といった思想に依拠して、闘争とは無関係に自給・自足のコミューン運動を試みる動きも活発になりました。

対抗社会を創る運動の課題

しかし、小さな対抗社会を創出する運動は、現在いくつかの壁にぶつかっています。

ひとつは、その運動が限られた狭い範囲の運動にとどまってしまい、社会制度の他の分野や側面での変革を促すようなインパクトをもつことができないという点です。出発したときにはインパクトがあって、自分もやろうという人がどっと増えるんですが、ある時点まで来ると現在の社会システムのなかに組み込まれてしまう。先進国では、たとえば食材といった生活のある部面ではオルタナティブが実現できているが、他の多くの部面は市場経済にべったり従属しているということになりがちである。地域通貨の運動も、そういう部分性という壁にぶつかっているようにおもいます。オルタナティブな生活や経済の仕組みづくりは、いったん地域の単位で自己完結する性質を持ちます。しかし、グローバルな市場経済は、あらゆる生活や経済の分野を呑みこんだり押しつぶして、地域経済を根こそぎにしてくる。そこで、地域ごとの小さな自立と連帯の仕組みがどのように連携して、グローバルな市場経済の仕組みに対抗するネットワークを創り出していけるのかが課題として問われていると思います。

もうひとつは、小さい範囲で自足せず、社会的な影響力をもつところまで事業や運動を拡大しようとすると、行政との連携や行政からの支援を必要としたり、自ら企業化することが迫られる。そうなると、自立性を失って、既存の社会システムのなかに包摂されてしまう危険性が忍び寄る。たとえば有機農法や有機農産物の産直運動は、スーパーの販売促進戦略に利用されてきている。また、介護や子育てなどＮＰＯによる一連の市民事業が、行政に対してどのように自立性を確保できるのかという問題に直面しています。

オルタナティブな社会を創る試みはあらためて、一方では政治的・法的な制度を活用する制度化との関連を、他方では国家や企業に抵抗し対決する闘争との関連を問われています。

「新しい社会運動」論

対抗社会形成の運動を含めて、一九八〇年代には日本でも反原発、環境保全、フェミニズム、障がい者の自立生活、食の安全と共同購入など「多様なシングルイシューの社会運動」が噴出しました。これらの運動は、左翼政党と労働組合がリードする伝統的な社会運動とはまったく違う特徴を持っていました。その主体は労働者であるよりも、地域の住民、女性、障がい者など多様な主体であった。「生活者」と呼んでもよい主体が登場しました。そして、それぞれの運動が左翼政党による政権獲得に集約されることに意識的に距離を置き、自分たちの生活の場から日常的な関係性を変えてオルタナティブな社会の原型を創っていくことをめざしました。

こうした特徴をおびた運動の出現を理論的に説明したのが、「新しい社会運動」論です[8]。A・トゥレーヌに代表されるこの理論は輸入理論であり、日本の地域住民運動を分析・説明しきれない限界がありました。それは、地域住民運動において地域共同体の果たした有効な役割、その限界、新しい共同性への組み換えといったダイナミズムを見落としていた。しかし、「新しい社会運動」論が、シングルイシューの社会運動の発展を位置づけ特徴づける上で一定の有効性を発揮したことはたしかです。この理論によれば、「新しい社会運動」は次のような特徴があるとされました。

（1）経済成長主義からの脱却、エコロジー、自己決定、参加、分権などの原理を持つ。（2）運動が起こる場は生産点や企業内ではなく、生活点や地域である。（3）運動の主体は労働者階級ではなく、社会の周辺的集団（女性、地域住民、青年、マイノリティ）、あるいは新中間層（高学歴で経済的に安定している）が中心である。（4）政権獲得や政権参加による要求の制度的実現をめざさず、日常生活の関係性やミクロな権力関係の変革をめざす。トータルな社会変革とのつながりを括弧に入れる。（5）運動と組織のスタイルは政党や労働組合に見られるトップダウン方式を拒否し、直接参加とネットワーク型のつながりを重んじる。（６）運動参加の動機は帰属集団への一体感ではなく、個人としての自己解放や自己実現への志向である。

こうした特徴をそなえていた典型的な運動の例を挙げるとすれば、さまざまの地域住民運動の他に、自らを「生活者」と自己規定して食材の共同購入やワーカーズコレクティブといった新しい協同組合運動を展開した生活クラブの運動を挙げることができるでしょう。

「新しい社会運動」論は、左翼政党中心の伝統的な社会変革の運動やその理論に対する批判としては有効で新鮮でした。しかし、多様なシングルイシュー運動がどうやって横につながり、何によって社会全体の変革に橋を架けるのかという問いに正面から答えることを避ける傾向があった。社会のトータルな変革の構想やそれへの関連については括弧に括ったままでした。

ポーランド「連帯」――「自制的革命」の実験

「国家権力を取らない革命」の現代的な事例としては、一九八〇年代のポーランド「連帯」の「自主管理革命」を挙げることができます。一九八〇年夏にグダンスクの造船所の労働者が賃上げストに立ち上がり、これを引き金にして労働者の抵抗闘争が全国に広がり、全国組織「連帯」が誕生しました。

「連帯」の運動は、企業や工場の企業長の任免権を共産党や国家の官僚（ノーメンクラトゥーラ）から労働者の手に取り戻し、工場や地域で自主管理を実現する運動として燃え広がった。「連帯」は、国家（ソ連を後見役とする社会主義国家）に対して自らを「社会」（市民社会）を代表する存在と規定し、「自主管理共和国」の実現という目標を掲げた。しかし、当時のポーランドは事実上ソ連の従属国だったので、親ソ政府を倒したら必ずソ連軍が介入してきて、ソ連との軍事衝突になる。それを避けるために、最初から政権を取らないと決めたわけです。これは、自治と自主管理の実現だけに目標を限定した「自制的革命」あるいは「自己限定的革命」と呼ばれました。

「連帯」の運動の高まりに直面した国家の側は、八一年にソ連の支持を得て軍政に移るクーデターを起こし、「連帯」は地下に追い込まれた。しかし、教会を拠点に地下のネットワークを保って抵抗を持続し、一〇年近く持ちこたえました。一九八九年、ベルリンの壁が壊れ、ソ連・東欧圏の共産党政権は雪崩をうって崩壊に向かう。ポーランドではそれに先んじて、「連帯」が再び表舞台に姿を現す。そして、選挙で圧勝して「連帯」が首相ポストを取り、共産党政権はその後完全に崩壊した。ただし、その後の「連帯」政権は、市場経済の導入のなかで変質していきましたが。

「連帯」の運動で注目すべきは、軍隊に対して武器を持って抵抗する路線を採らなかったことです。ソ連軍は直接に介入しなかったが、ポーランド政権が軍政を敷いた。それに対して非暴力の不服従運動で抵抗する。非暴力の市民的不服従が可能であり、有効であることを立証したのではないかと思います。

サパティスタ——自治のための蜂起

「国家権力を取らない革命」の最新の例は、一九九四年一月にメキシコのチアパスで武装蜂起を敢行したサパティスタのたたかいです。ＮＡＦＴＡ（北米自由貿易協定）の発効の日に、サパティスタ民族解放軍が武器を持って立ち上がり、チアパス州の州都をはじめ七つの都市を占拠し、世界をアッと言わせました。占拠そのものは政府軍の投入によって数日間で終わったが、その行動は大きな支持を集め、サパティスタはその活動と力を保持し続けてきました。

サパティスタのたたかいは、メキシコの農業に大打撃を与える新自由主義（ＮＡＦＴＡ）に異議申し立てをした点で世界的な反グローバリゼーション運動の起点となりました。だが、何といっても、その特徴は、先住民がたたかいの主体となったことであり、先住民の自治の実現を目標にし国家権力の奪取をめざすものではないことを明確に宣言したことにあります。

民族解放軍の副司令官マルコスは繰り返し、自分たちの蜂起が「権力奪取をめざすわけではなく、民主体制への変革が目標である」と述べている。国家権力を奪い取るために政府を武力で倒す攻撃には出ないが、自分たちの自治の空間に国家権力が侵入してくることを許さない。さまざまの政治勢力と協力して自由で民主的な選挙が行われ、先住民の自治が保障されるような政治制度を確立する。こうしたことをサパティスタは主張しました。

最初の武装蜂起以降、サパティスタと政府との間では交渉と闘争が繰り返される紆余曲折の過程が続いてきていますが、最初から「国家権力を取らない」ことを自覚した自治の革命が姿を現したことは間違いありません。

Ⅵ　制度化の重要性と罠

制度化とは

社会運動は、さまざまの抑圧や差別、国家権力の暴力（戦争や虐殺など）や横暴に対する人びとの抵抗が出発点となります。抵抗を持続する過程で、新しい社会のモデルになる対抗社会を創る運動を生みだすと同時に、自分たちの要求や主張を制度化しようとします。制度化とは、公的な政治制度（議会や政府）に働きかけ、法制化や行政的措置の形をとって社会運動の主張や要求を実現することです。ここで、抵抗の持続と対抗社会の形成と制度化の三つの面がどのような関係にあるのか、またどのような関係であるべきかという問題をあらためて考える必要がある。

制度化は、運動の獲得物や成果（政府や企業に認めさせた要求、たとえば労働時間の短縮、正規労働者とパート労働者の均等待遇）を定着させ、社会全体に普及させる。同時に、運動の主張（たとえば採用や昇進における女性差別の撤廃、犯罪としてのセクシャル・ハラスメントの禁止など）を社会的規範として承認させ定着させることを促進する、という効果を発揮します。

日本では、性別役割分業の廃止や雇用における性差別の撤廃を要求してきた女性の運動が、制度化において最も大きな成功を収めたと言えます。男女雇用機会均等法、男女共同参画社会基本法、育児介護休業法、ＤＶ法などの制定がそうです。男女共同参画社会基本法にしても、なぜ「男女共同参画」であって「男女平等」ではないのかと、女性たちの評判はけっして芳しくなかった。政府は、一貫して「男女平等」という明確な表現を拒むからです。しかし、これが制定されて、さらに地方で条例化しようとすると、男女共同参画がケシカランというジェンダー・バッシングが吹き荒れた。ということは、この法律が制定されることによって、男女共同参画は当たり前ではないかという考え方が社会的規範として定着しつつあり、保守派や右翼がそれにすごい危機感を感じたということを表わしています。

また、情報公開を求める運動や環境保全を求める運動も、情報公開法や条例の制定、環境基本条例の制定など、制度化に成功している例です。

制度化の罠

しかし、制度化は、社会運動の前に大きな罠を仕掛けます。制度化されることは、運動の要求や主張が部分的に採り入れられるけれども、要求や主張の重要な要素、ときには本質的な要素が切り捨てられることになりがちです。制度化が運動側の要求を丸ごと実現してくれることは、まずない。男女平等法を要求したのに共同参画社会基本法になったり、男女雇用機会均等法も長らく、企業には努力義務だけを課して企業への罰則規定を欠いていたし、いまなおコース別採用による間接差別を禁じることができていない。

また、制度化は、人びとや運動のなかに分断を持ち込む。運動に参加した多くの人びとに新しい権利や機会を保障する反面、同じ権利や機会を得られない人びとを制度の境界線の外側に必ず作り出してしまうからです。例えば、正社員との均等待遇を図るとされたパート労働法の改正は、実際には少数の「正社員なみパート」だけの均等待遇を企業に義務づけ、大多数のパート労働者の均等待遇は努力義務のままとされ、パート労働者のなかに分断が持ち込まれました。

さらに、制度化は、運動に参加する人びとの問題関心や要求をどんどん細分化＝タコツボ化する作用をします。ＮＰＯによる市民事業は、対抗社会形成の運動という面を持っていますが、これを政府や地方自治体が支援する制度が作られると、運動としての自主性が失われ、事業活動の細分化や競合が加速され、行政の下請け事業に転落する危険性が高まってくる。とくに、政府が「ＮＧＯ・ＮＰＯとのパートナーシップ」路線を打ち出してきてからはそうです。そして、行政から委託金や補助金を受けるようになると、ＮＰＯどうしの横の連携がますます失われ、自分たちの組織がいかに行政から委託金・補助金を取るかというところに関心が行ってしまう。そういう事態が現実に起こっています。

ラディカルな改良主義

より望ましい法律や制度を作って要求を実現する制度化の方法は、昔から「改良主義」と呼ばれてきました。「革命か改良か」という論争は、一世紀も二世紀も前からずっと続けられてきた。必ず罠が仕掛けられていますから、すべての制度化を拒否するような気分も、運動のなかには強くある。

しかし、罠が仕掛けられていることは、制度化を拒否する理由にはならないと、私は考えています。制度化が引き起こす運動の分断や細分化＝タコツボ化や行政への従属といった罠を自覚し、分断を内と外の両方から越えていく運動を繰り返し組織することが必要になる。制度化には両刃の剣のような際どいところがあるのですが、際どい分岐線の上で踏ん張る。ラディカルな改良主義が大事です。制度化を自己目的にするのではなく、運動を発展させる一つの道具として使いこなすことが求められるわけです(9)。

運動が政治的・法的な制度を使いこなすことに成功した例としては、逗子の米軍住宅建設反対運動(一九八二年~九二年)があります。そこでは、市議会や市長のリコール、選挙、住民投票の試み、市長の河川管理権の行使などの制度的手段が駆使された。また、一九九〇年代には、全国で住民投票の運動が展開された。原発の増設(新潟県巻町)、米軍基地の新設(沖縄県名護市)、産業廃棄物処分場の建設(岐阜県御嵩町)、吉野川可動堰の建設(徳島市)の是非が争われ、国策を拒否する住民の意思がストレートに表現された。最近では、二〇〇六年春に米軍再編にともなう米空母艦載機の移駐の是非を問う住民投票が岩国市で行われ、住民がノーの意思表示を行いました。

「よりましな政権」

制度化(「改良主義」)の頂点を形づくるのは、社会民主主義やリベラルの政党を中心に「よりましな政権」を成立させ、一連の法的・行政的な改革を実行させることです。日本では、民主党中心の政権が社会民主主義的な色彩をもつ「よりまし政権」になるかどうかは疑問が残るし、政権交代による制度改革がリアリティを持ちにくい。だが、自民党中心の政権のままだと「制度化」はいっそう困難です。

北欧や西欧では社会民主主義政権の登場は、労働時間短縮による雇用創出や環境規制など反市場主義的改革を実現するためのひじょうに重要なテコとなってきた。社会変革をめざす運動にとって、社会民主主義政党を中心とする「よりまし政権」を成立させ、反市場主義的改革――労働時間の短縮、社会保障制度や公共サービスの拡充、環境規制、脱原発、人権や男女平等の実質化、移民の権利保障といった政策――を実行させることは、制度化の最も有効な方法であると言えます。

しかし、「よりまし政権」が反市場主義改革をどこまで実行するかは、労働運動や社会運動のパワー、「国民」の多数派の支持の広がり、連立を組む「緑の党」や左翼政党の影響力、経済界の「抵抗」の強さ、そして何よりも米国やグローバル市場競争の圧力といった多くの要因の複合的な作用にかかっている。グローバリゼーションの進展のなかで、社会民主主義政党も「よりましな政権」も、ブレア政権の「第三の道」に見られるように、新自由主義に傾斜し、反市場主義的改革から尻ごみする傾向を強めています。

ですから、「よりまし政権」の登場は制度的改革が実現されるというよりも、制度的改革をめぐってさまざまな政治的・社会的勢力が公然と論争し、たたかう政治的な場（アリーナ）が作られることに意味がある、と考えるべきでしょう。やはり民衆運動が直接行動による抵抗と対抗社会形成という自立した運動圏をしっかり築き、それを基礎として制度圏に対する効果的な介入の方法を工夫するべきだと思います。

分権的で多元的な決定システムへ

これまで制度化ということで一括りにしてきたんですが、実際には制度化にもさまざまの異なるレベルがある。そのことがひじょうに重要な意味を持つのです。

結論的に言うと、自分たちの生活に近い場で物事が決まるような政治システムを作っていくことが大事である。社会変革にとって重要なのは、人びとが直接に参加したりコントロールできる次元での制度化です。いいかえると、生活の場に近い地方自治体のレベルで制度的変革を進めることです。その点で、日本で問われるのは、他の先進国と比べても際立って中央集権的な政治決定システムを、分権的で多元的な政治決定システムに改革することです。政治的決定システムの改革と社会的・経済的な仕組みの制度的改革を結びつける、また政治的決定システムの改革と外交路線の転換を結びつけることが意識的にめざされる必要があります。

分権的で多元的な政治的決定システムへの改革とは、具体的には次のような内容を持ちます。

第一は、人びとの日常的な生活圏、つまり地域社会（コミューン）における自治組織が決定権を行使する。そこでは、住民の直接参加による討議と決定を実現することが保障されねばならないし、可能になる。

第二は、基礎的な自治体（日本では市町村）が中央政府と対等な地方政府としての権限を発揮する。中央政府と地方政府は共同税を徴税し、地方政府の費用として必要な税を最初から地方政府に配分する。これによって、中央政府の税収はずっと少なくなる。同時に地方政府間では課税力に格差が生じるから、豊かな地方から貧しい地方へ税収を移転する財政調整を行う必要があります。

第三は、基礎的な地方自治体が協力し連合して広域にわたる事業を行うが、決定権はそれぞれの地方自治体が保持する。

第四は、中央政府の権限・機構・財源と国会の決定権は大きく削減・縮小される。中央政府は真の「小さくて弱い政府」になるが、地方政府は住民に十分な公共サービスを提供する「大きな政府」になります。新自由主義がめざすのは、公共サービスを削減する代わりに軍事・治安・監視の機能を強める「小さくて強い政府」ですが、私たちがめざすのは「小さくて弱い中央政府」です。その役割は、全国一律でしかやれない公的年金制度の運営、地方政府の活動や事業の全国的な調整、人権や環境などの普遍的基準の提示、外交活動（ただし、地方政府も外交権を持つ）、グローバル市場競争を規制する国家間協定の締結や国際的監視などといったことに限定される。

制度化、法的・行政的な制度を利用した変革という場合、人びとの生活の場により近いところで重要な政治的決定が行われる仕組みが作られることが大事です。その点で見ると、この間進められてきた市町村の大合併は、住民の自治と分権的な決定を困難にする逆行にほかなりません。人口百万人を越えるような大都市で住民の自治と参加を実行することが不可能に近いことを、私たちは経験しているわけですから。

Ⅶ　終わりに

裕一　政権を取ることを優先する社会変革の方法ではうまくいかないという話だと思って聞いてい

たんですが、最後には「よりましな政権」を作ることが重要だと言われていて、頭が混乱するんですが。

白川　僕は、「国家権力を取らない革命」、つまり自治と対抗社会形成をめざす社会変革の運動を積極的に評価し、そうした道筋での社会変革こそが最重要だと思っている。しかし、「国家権力を取らない革命」も、制度化や「よりましな政権」の問題に避けがたく直面するということだ。ただし、「よりましな政権」を作ることは、制度化にとって最も有効なことは確かだが、中央政府を取り替えるだけでは限界がある。中央政府に権力が集中しているような政治的決定システムを、分権的で多元的な決定システムに変えることが不可欠だね。

詩織　それが前から言われている「自治連邦制」ですか。

白川　その通り、それから、制度化がすべてじゃないんだ。抵抗の持続、対抗社会の創出、制度化の三つの契機を結びつけることがポイントなんだ(10)。もう一つのポイントは、世界的な運動と積極的につながること。社会を変えることは、長期にわたる運動によってはじめて可能だと思うけど、いくつかの飛躍点があるように思う。そのきっかけは、やはり世界の流れが変化することだろうね。誰も抗しきれないように見える市場主義とグローバリゼーションの流れに対して、反市場主義の流れがもっと勢いよく登場してくることが一つ。もう一つは、アメリカ「帝国」の権威が落ちて東アジアとしてのまとまりをつくる動きが台頭してくること。

裕一　じゃ、好機を待つということですか。

白川　そうじゃない。社会が変わるというのは、さまざまの違った要因が複合的に働くことによってなんだ。たとえば女性の社会進出という点では、ここ四〇年近くで社会は明らかに大きく変わったわけだけど。それはフェミニズムの運動の力の発揮だけではなく、女性労働力を活用しようとする資本の側の動き、国連を中心とする女性差別撤廃の国際的な流れ、結婚や性についての意識の静かな変化といった要因が働いてきたからだよ。「静かな革命」が確実に進行したと言える。

詩織　でもこのままではイヤだっていう女の人の強い思いがあったからでしょう。

白川　そうなんだよ。その思いを運動にできたことが原動力。だから、「この格差社会は自分が人間らしく生きることをめちゃめちゃにしている！」という若者の怒りが運動の形を取って現れるならば、社会変革をめざす運動が姿を見せるはずだよ。それは一つの流れだけど、反戦平和や国民保護計画や共謀罪に反対する抵抗運動、オルタナティブな社会を作る運動や事業、均等待遇の法制化や外国人人権基本法の制定をめざす運動などと、境界を越えて交流し連合するようになる。そうなれば、社会変革の新しい主体の原型も見えてくると思うけど、その問題はあらためて話そう。

註

1　アントニオ・グラムシ『現代の君主』（石堂清倫・前野良編訳、青木文庫、一九六四年）。なお、この文章はグラムシの「獄中ノート」の一部である。

2　毛沢東「大衆の生活に関心をよせ、活動のやり方に気をくばれ」（『毛沢東選集』第一巻、三一書房、一九五五年）

3　ボー・グエン・ザップ『人民の戦争、人民の軍隊』（真保潤一郎訳、弘文堂、一九六五年）

4　毛沢東「持久戦について」（『選集』第三巻）
5　ボー・グエン・ザップ、前掲
6　拙著『もうひとつの革命』（社会評論社、一九八二年）第I部第四章「国家を撃つ根拠地」
7　ロシアにおける共同体と共産党政権の攻防の歴史については、渓内　謙『スターリン政治体制の成立』全4巻（岩波書店）などが詳しい。
8　新しい社会運動については、『思想』一九八五年一一月号の「特集　新しい社会運動」を参照されたい。
9　制度化については、拙稿「いま、『参加』を問いなおす」（『季刊ピープルズ・プラン』第一九号、二〇〇二年七月）を参照されたい。
10　社会運動にとって〝持続する抵抗〟と〝対抗社会の形成〟と〝制度的改革〟の三つの契機が有機的に結びつくことの重要性は、拙稿「地域住民運動」（フォーラム90s研究委員会編『20世紀の政治思想と社会運動』社会評論社、一九九八年）で提起した。

（初出「グローカル」第七一四号〜七一六号、二〇〇七年九月一日、一〇月一日、一一月一日号。原題「社会はどうやって変えられるのか?」これは、「座標塾」第二期第五回の講座で話したものに手を入れたものである）

●著者紹介
白川真澄（しらかわますみ）

1942 年、京都市生まれ。京都大学大学院経済学研究科修士課程修了。60 年安保闘争、ベトナム反戦闘争、三里塚闘争などの社会運動に関わりつづけ、90 年代からは地域から政治を変える運動にも参加。フォーラム 90s、ピープルズ・プラン研究所など在野の理論的ネットワークの活動に力を注いできた。現在、『季刊ピープルズ・プラン』編集長、「座標塾」（研究所テオリア）講師。
著書に『もうひとつの革命』（社会評論社）、『脱国家の政治学』（社会評論社）、『格差社会から公正と連帯へ』（工人社）、『格差社会を撃つ』（インパクト出版会）、『金融危機が人びとを襲う』（樹花舎）。共編著に『20 世紀の政治思想と社会運動』（フォーラム 90s 研究委員会、社会評論社）、『アソシエーション革命へ』（社会評論社）、『改憲という名のクーデタ』（ピープルズ・プラン研究所、「シリーズ『改憲』異論」1、現代企画室）、『根本（もと）から変える』（オルタナティブ提言の会、樹花舎）などがある。

脱成長を豊かに生きる――ポスト 3・11 の社会運動
2014 年 10 月 30 日　初版第 1 刷発行

著　者――白川真澄
装　幀――中野多恵子
発行人――松田健二
発行所――株式会社 社会評論社
東京都文京区本郷 2-3-10
電話：03-3814-3861　Fax：03-3818-2808
http://www.shahyo.com
組　版―― Luna エディット .LLC
印刷・製本――倉敷印刷